幸せな不動産投資

普通の主婦が
不動産資産10億円を築けた理由

大竹智子

はじめに

不動産投資と聞くと、どんなイメージを思い浮かべるでしょう？

オラオラ系の男性？
インテリ系の男性？
バブルの時の成金？

どちらにしても「女性」「主婦」「家族仲良し」というワードとは結びつかないのではないかなと思います。

この本は、不動産投資なんて考えたこともない、世の中の動きなども全然知らないイチ主婦が、夫と共に成長しながら不動産購入額10億円までいった話です。

世の中に「不動産投資」の本はたくさんありますし、YouTubeでも、たくさんの情報があふれています。

・ワンルームマンション投資から始めよう
・ワンルームマンション投資をやってはいけない
・木造3階新築がいい
・木造はやってはいけない
・地方の高利回り物件を狙え！
・地方物件を買ってはいけない……など

それぞれ振り子のように逆の意見があり、「いったい何をしたらいいのかわからな〜い！」となります。

結局、不動産投資は、たくさんの「やり方」があります。どれも正解であると共に失敗になる可能性もあるということなのです。

そんななか、なぜ何の知識もなく社会的信用もゼロの主婦の私が、不動産購入額10億円を達成できたのか。

その背景には、小さい頃から染み付いていた「お金持ちへの憧れ」、バブル崩壊後、就職内定がなかなかもらえなかったときに感じた「世の中の不条理」、そして世の中には二つの収入の得方があると知って感じた「不労所得への憧れ」などがあります。

そんな私が不動産投資をしながらつかんだ、大切な考え方があります。それは次のとおり。

＼不動産投資で成功しても、幸せでなければ意味がない／

私にとって人生の喜びとは、家族が幸せであること。だから不動産投資は、幸福になるための手段なのです。キーワードは、ズバリ「幸せ」です。

この本は、不動産投資の本でもあると同時に「幸せ探求」の本でもあります。

私は、不動産を学び、実践していくことで、「健康」「人間関係」「仕事」が整い、夫婦と家族の「思い出の時間」を持てるようになり、「心地のいい空間」を満喫できるようになりました。

そんな我々夫婦の様子を楽しみながら、ご自身の人生をより幸せで豊かにしていくヒントを得てもらえたら、これほどうれしいことはありません。

不動産投資は「お金もうけ」のために行うものではありません。私の大好きな本「DIE WITH ZERO」の言葉を借りるなら、**「富の最大化ではなく、人生の喜びを最大化させる」**ために行うものです。

「家族が幸せ」になるためのものと言うと、「今、十分幸せで満足なんで」と思われる方もいらっしゃるかもしれません。それはとても素敵なことですが、それをもっと長期的に考えて強固にしていくと考えたらどうでしょう？

もっと幸せが拡大するはずです。

わが家は、不動産投資を始めて、より家族が幸せになりました。不動産投資によって間違いなく、家族みんなの人生が変わった、そう断言できます。

では、「幸せな不動産投資」の世界へどうぞ！

目次

幸せな不動産投資
普通の主婦が不動産資産10億円を築けた理由

第2章 不動産投資って何？

第3章 不動産投資にトライ！

第4章 不動産投資を始めたら人生が変わった！

第5章 幸せな不動産投資を成功させるには

第１章

私って金食い虫⁉

どうせ言っても買ってもらえない

1971年(昭和46年)、私は会社員の父と専業主婦の母のもとに生まれました。四畳半一間にオムツが干されているアパートでの生活。今の時代に、その光景を想像することは難しいですが、「日本中がそんな感じだった」と母は言います。

そこから抽選に当たり、念願の団地へ。当時は団地全盛期。団地は第二次ベビーブームの子どもたちであふれていて、活気があったそうです。

私が小学校に上がるときに、もう少し広い団地に引っ越しました。結婚するまでそこに住んでいたので、私は団地以外に住んだことがありません。

一人っ子だった私は、どちらかというと過保護に育てられました。

たとえば幼稚園の頃、ブランコで立ち乗りでもしようものなら、父親から「危ない、危ない」って、あわてて降ろされていました。ですから、すごく臆病で、とにかく挑戦しない。高いところに登る遊具も、こわくて挑戦できなかったことを覚えています。

自分から声をかけることもできないので、いつも遊ぶのは同じ子。仲のいい子とは会話できるけれど、他の子とは交われませんでした。

小学生になった頃、母は「あなたが臆病になったのは、お父さんのせい」と言っていましたね。それでも両親からは愛情たっぷりに育てられました。

ただ、経済面では「たっぷり」とは、いかなかったかもしれません。

・洋服も自転車も近所の人のおふる
・男の子のおふるの洋服もよく着せられていた
・リカちゃん人形のようなお人形さんは一つも持っていなかった
・おままごとセットはなく、カップの空き容器などで遊んでいた
・ゲームはオセロとトランプのみ
・サンタさんは来なかった
・誕生日プレゼントも記憶にない

私は、ものすごく「女の子」っぽいものが好きな子でした。お人形遊びやままごとが好きだったけれど、そのためのおもちゃは買ってもらえず、洋服は男の子のおふるを着せられていました。髪の毛も、常におかっぱ。本当は長くして三つ編みにしたかったけれど、常に短く切られていました。

小学生になって、小さいときの写真を見ると、ずっと男の子の服を着ていて「ここまでが男の子時代」という感じ。なんでこんなに男の子みたいな恰好をさせられていたんだろうと、すごく嫌でしたね。

また何かを買ってもらったという記憶もほとんどなく、10円ぐらいの傘のチョコレートがほしかったけれど、それも買ってもらえませんでした。傘のチョコレートをじっと見ている私の手を、母がグイッと引っ張って歩くという記憶が残っています。

さらに、うちはサンタさんも来ない家でしたし、誕生日プレゼントをもらった記憶もありません。誕生日のお祝いはしてもらえるけれど、プレゼントやホールケーキはない。私はホールケーキというものを食べたことがなかったので、ホールケーキへの憧れというのは、ずっとありました。正直、今の私はケーキはそれほど好きではないけれど、ホールケーキは幼い私にとって、幸せの象徴だったのかもしれません。

いずれも、この頃から私は親に対して**「どうせ言っても買ってもらえない」**と思っていた気がします。

わが家でいちばん高い買い物はピアノ

どちらかというと大人しい子でしたが、音楽は大好きでした。小さい頃から本当に好きで、それは今も変わりません。

幼稚園ではオルガン教室をやっていて、そこにすごく行きたかった。友だちの通っているバレエ教室にも行ってみたかった。でも、そういう芸術系の習いごとは母の眼中になく、母がやらせたかったのは書道とそろばん。いわゆる実務系の習いごとでした。

でも私は音楽が大好きでしたので、習っていなくても聞いた曲は、オルガンで何でも弾けました。幼稚園や小学校、友だちの家でピアノを弾いている私を見た周りの大人たちが、母に「ピアノを習わせた方がいい」と口々に言ってくれて、ようやく母が重い腰をあげてくれたのが私が小学校2年生のときでした。

そして2年生で、念願のピアノ教室へ。そのときにアップライトのピアノを買ってもらいましたが、その後、父にずっと**「わが家でいちばん高い買い物はピアノだった」と言われ続けました**。

父はピアノもそうですが、私に何かお金がかかるたびに「**この金食い虫ちゃんが**」と言っていました。今思うと、悪気なく言っていたと思いますが、子どもはそういった言葉を浴び続けていると、それが潜在意識に入っていきますから、冗談でも、子どもに向かって「金食い虫」なんて言っちゃいけないですよね。お父さんは、本当にいけないことをしたな、と思います。

ちなみに**潜在意識とは、自覚されていない意識**のこと。自分自身の経験や出来事をもとに蓄積された価値観や思い込みによって、**無意識のうちに形成**されていきます。私が大人になってからも、ずっとお金の不安に苦しめられてきたのは、小さい頃から「金食い虫」と呼ばれて、「お金を使ってはいけない」マインドが潜在意識に植えつけられていたからだろうと思います。

そんな親でしたから、私が「○○が欲しい」とか「○○をやりたい」と言うのは、相当悩んで葛藤した末のことでした。でも、それが叶ったことは、まずありません。

小学校1年生か2年生のときでしょうか。当時、大流行していたルービックキューブがほしくて、そのときも半年ぐらい悩んで、親にようやく伝えました。今でも鮮明に覚えています。心臓がバクバクしてドキドキしながら、「あのね、あのね」としどろもどろになりながらもようやく欲しいと伝えたときのこと。しかし、やはり買ってもらえませんでした。もう**負け体験**しか積んでいない。何か頑張って言い続けて買ってもらえたのは、ピアノぐらいでした。

苦労して買ってもらったピアノは、もう毎日のように練習していました。習慣になっていたので、練習しないと気持ち悪くて、練習しなかった日は多分なかったと思います。

小学校4年生からは、合唱部に所属していたのですが、練習ではずっとピアノ伴奏。歌いたいのに、ピアノ伴奏をしなくちゃいけない。全校行事でのピアノ伴奏は小学校4年生から中学校3年生まで続きました。家で一番高い買い物と言われていたピアノは、費用対効果的には相当元をとったのではないかと思います。

母は「先生」になってもらいたがったけれど

小学校に上がってからも、大人しい性格はそのままで、授業中も一度も手を挙げられない。そんな子でした。

ピアノ教室に通い始めた2年生の頃、同じ場所でそろばん教室もしていたので、そろばんも始めました。そろばんも好きでしたが、とにかく本を読むのが大好き。いつも空想の中で遊んでいました。

小学校6年生のときPTA役員をしていた母は、会報誌に文章を書かないといけない役目がありました。その中で「お子さんが将来なりたいものは？」という質問が。それを書いていた母は、私に「先生でいいわよね」って言うんです。

母は熊本県の田舎の出身。母の価値観でいうと職業は「先生」と「医者」がいちばん偉い。医者は現実的ではないので、私に「先生」をすすめていたのでしょう。私が何になりたいかということよりも世間体的に無難なものを書きたかった気持ちはわからなくもありません。でも私は先生になんて全然なりたくありません。会報誌に「先生」と書こうとする母に「なりたいと思ったこともないんだけど」と言っても、「先生でいいでしょ」の一点張り。

私は当時、本が好きで何かものを書く人になりたいと思っていました。でも、それがどういう職業なのかはわからないので「小説家」と言ったら、「小学生で小説家なんて言ったら、生意気な子と思われるからやめてちょうだい。お母さん、恥ずかしいわ」って言われました。

でも私は自分にうそをつきたくなくて、先生は嫌だ、やめてと言い続けて、結局、母が根負けして小説家と書いた気がします。

そろばんが好きだったせいか、小学校4年生ぐらいから勉強が得意になっていきました。

今思うと、中学受験をしたらよかったなと思います。というのも4年生ぐらいから成績が上がり、6年生でピークを迎え、中学校2年生あたりから下がってきたからです。

でも小学生の私は「中学受験」という言葉すら知らない。私が、その言葉を知ったのは中学生になってからでした。母が「今だから言うけど、6年生のときに担任の先生から『中学受験は考えられていますか』って言われたのよ」と話してくれました。

私は小学生で中学受験というものを知らないし、そんなことを母が担任の先生から言われていることも知らないし……。中学生になってから、母にそれを聞かされたときは、「えっ、そうなんだ、そう言われていたなら、なんで私に伝えることを考えなかったんだろう」と、ちょっと悲しくなりました。なぜって母は私に対して誇らしくは思っただろうけど、悪気はなかったので。

でも、やっぱり私立はお金がかかる。子どもに教育費をかける意識のある家なら考えていただろうけれど、母にそんな知識はなかった。子どもが私立にいった未来がどういうふうになっていくか、そういう想像力もなかったのだろうと思います。

また小学校5年生のときに、そろばんはある程度までレベルアップしたので「そろばんを辞めて英語を習いたい」と母に訴えました。私はその頃から海外に興味があり、英語を習いたかったのです。でも私はお金を使ってはいけないと思っていたので、とにかく安い英語教室を、ということで新聞チラシで必死に探し、値段で選んだところは、行ってみるとダメダメで。

母はもちろんのこと、当時の私は「英会話教室」と「学習塾としての英語教室」が違うことを知りませんでした。私が行きたかったのは「英会話教室」でしたが、行ったところは「学習塾としての英語教室」。しかも、そこの先生は、びっくりすることに高校生で、高校での英語の点数は、赤点だと自ら告白されていました(苦笑)。

詳しくは後述しますが、今、私が**お母さん教育が大事**だと思うのは、こういう自分の経験が大きいからです。結局、母親に知識がないと、子どもがいくらやる気でも、そちらの方向に導いてあげられない。**本来持つ能力を伸ばしてあげられない**。それはすごくもったいないことだと思うのです。

音色の違いは値段の違い？

中学受験をすることなく、中学校は地元の公立中学校に進みました。

ピアノの練習は相変わらず熱心でしたから、ピアノの先生は音楽大学に行くイメージで指導してくださっていたようです。

でも、これもお金の問題が大きかった。音大は医学部並みにお金がかかるわけですから、親からは早々に「ごめんなさい。うちは音大に行かせられません」と宣告されていました。

中学校では、クラシックギター部に入りました。小学校のときに合唱部だったので、中学校でも合唱部に入りたかったけれど、中学校の合唱部は、ほとんど活動できていないような弱小部。入部をあきらめました。

ただクラシックギター部は、私たちの世代が最盛期で、コンクールでも常に上位に入賞、プロの先生を招いたり、先生の教室に習いに行ったり、さかんに活動をしていました。

ここでも楽器にお金がかかるわけですが、楽器の性能は正直、値段に比例するところがあります。部活では2万円と3万円のギターが推奨されましたが、ほとんどの子が2万円のギターを買いました。私も2万円のギターを買いましたが、3万円のギターを買う人が数人いるんです。そこで弾かせてもらうと、たった1万円差でも、やはり2万円のギターより、3万円のギターのほうが音色がいい。

プロの先生のところに習いに行くと、社会人の方々とも交流があり、みなさん10万円、30万円もするギターを持っていました。そこまでの金額のものだと、もう出る音が全く違う!

コンクールでは貸していただきましたが、中学生がこんなに高価なギターを借りてもいいのかなと、恐る恐るお借りしました。借りたギターで友だちとデュオで出場して入賞。少なからず、良いギターを使わせていただいたから、というのはあると思っています。

受験生がピアノを弾くのは恥ずかしい

毎日のように練習していたピアノは、中学校3年生の受験期に中断しました。母に「受験生なのに、ピアノを弾いていると近所の手前、恥ずかしいからやめてくれ」と言われたんです。団地なのでピアノを弾いていると、周りに音が聞こえるのです。

受験期に弾いていると「智子ちゃんはピアノなんか弾いていて余裕ね」と、近所の人から噂されるのがいやだからと言うのです。でもピアノだけでなく、楽器はすべてそうですが、1日休んだら取り戻すのに3日かかります。半年も休んだら、本当に弾けなくなってしまう。それはわかっていたけれど、私は決心し、先生に「高校生になったら、また始めます」と伝えて、いったんお休みしました。

それで受験が終わって、いざピアノに向かったら本当に弾けない。かつて動いていた自分の手を思うと、びっくりするほど動かなかったのです。傍から聞いている分には、わからないと思いますが、自分は自分の一番いい状態を知っているので、愕然としました。私も、そこで頑張ればよかったけれど、もう頑張る気が起きなくてピアノを辞めました。将来、音大に行くとしてもピアノの試験もあるので、ピアノをやらないといけない。それも苦痛で、音大ももういいやと投げやりな気持ちになりました。親からも音大には行かせられないと言われていたので、そこできっぱりとあきらめました。

高校は、公立高校と私立高校を受験しました。高校選びについては、公立は偏差値でだいたい決まりますが、私立は学校ごとに特色があるので、迷うところでした。

母は価値観が保守的なので、いわゆる良妻賢母をうたう伝統的な女子高が好み。一方、私は国際的に活躍できる英語に力を入れている、交換留学制度がある学校に興味がありました。当然ながら母には全く理解されませんでした。

結局、私立は母の好む良妻賢母な女子高を受けて合格しましたが、公立も合格したので公立に行くことになりました。でも親せきのおばさんからは、あの女子高のほうがいいのに、と言われて、いやいや私はそういう系じゃないんです、ってとっさに思いましたね（笑）。

うちって、もしかしたらお金がないのかも

高校時代は、私の独身時代の中でも最も楽しかった時期です。小学生、中学生のときは、何となく周りになじめなくて、みんなといるよりは一人で本を読むほうが楽しかったけれど、高校生のときは、みんなでおしゃべりするのが楽しくて、本を読む暇がなかった。それぐらい人と接していたので、本は読まなかったけれど、毎日が充実していました。いやなことが全くなかったんです。

部活は合唱部でした。私の夫も同じ高校の合唱部の先輩。当時の合唱部の仲間とは、ずっと関係が続いていて、今も集まる機会があります。恩師の先生ともずっとつながっていて、先生が指揮をされるコンサートには夫と足を運んでいます。

実は最近、私はまた歌を始めました。オペラ歌手の方に個人レッスンでついていると、「あっ、戻ってきた」という感じで、本当に楽しいですね。

高校に入ってから私は、ますます国際社会やグローバルといったほうに目がいくのですが、私のそういった冒険心は、親からすべて蓋をされていました。

父は会社員でしたが、公務員に近い親方日の丸的な会社員。冒険するような職種でもないし、社会にもまれるような営業系の仕事でもない。ですから両親からは、常に「無難がいい」「平凡がいちばん」といった言葉を投げかけられていました。でも私はそれに対して、いつも「いやだぁ」と思っていましたね。

そんなふうに親はすごく保守的だし、私は相変わらず過保護に育てられていて、「うちって、なんか普通じゃない」という違和感を感じることが増えていきました。

今思うと、私の高校時代は1987年~1989年で、まさにバブルの真った だ中。当時、まだ私は世間に出ていないのでわかりませんでしたが、大学に入っ

「もしかして、うちってお金ないのかも……」と思うようになりました。両親が都営の団地に暮らしていることを恥ずかしいと思ったことはありませんが、それでも団地に暮らしている自分としては、世間とどんどんずれていく感じを大学時代に、さらに感じることになります。

大学はどこを受けようか。進路を考えるときも、真っ先に頭に浮かぶのは学費のことでした。私は偏差値とは別に、志望する大学の入学金と授業料の表をつくり、学費を比較していました。

もちろん国公立も選択肢にありましたが、私は本当に英語ができなかった。国語と歴史が得意で、英語と数学が苦手。得意不得意に差がありすぎて、国公立受験には、かなり不利な状況でした。

しかし私立文系でも、数学はともかく英語は、どの学校でも必須です。しかも私の興味のある国際系は英語の配点が高くて、自分の成績を考えると、国語の配点の高い文学系を選ばざるを得ない。やりたいことと能力がマッチしなくて、本当につらい状況でした。

結局、学費が圧倒的に安い都内の女子大の日本文学科に合格。翌春から女子大生になりました。

本物のお嬢様に出会う

少女漫画では、「主人公の平凡な女の子」の対極に「お金持ちのお嬢様」という構図がよくあります。私は、ずっと自分にはないものばかりを持っていた「お金持ちのお嬢様」に憧れていました。

大学では、その本物のお嬢様たちに出会うことになります。

大学1年生の1990年は、まだまだバブルの勢いがあった頃。周りの友人はみんなルイ・ヴィトンのバッグを持っていましたが、私はブランドものというものを全く知らなかったので、みんなが持っているあれがブランドものか、とかなり他人事のように見ていました。

合宿のときは、みんなヴィトンのボストンバッグを持ってきているから、どれが自分のものかわからなくなり、あちこちで「これ私の?」「あれじゃない?」

とやっていました。でも私は、小学校から使っているペンギンの絵のついた赤いナイロンバッグだから、絶対に間違えませんでした（笑）。

サークルは、テニスサークル。いろいろな大学の学生で構成されるインターカレッジサークル、いわゆるインカレに入会しました。

でもバブルの世の中についていけなさすぎて、サークルも全くエンジョイできませんでした。

「うちって貧乏なのかも」と、はっきり思ったのも、このとき。それまでも「お金がないのかも」とは薄々感じていましたが、みんな何となく生活レベルが同じだったので、そこまでフォーカスはしていませんでした。

決定的に感じたのは、大学のある授業でのこと。

「この中で、自分は中流だと思う人は手を挙げて」と先生が言ったときに、ほとんどの人が手を挙げたのです。

「えっ、この人たちが中流なら、私は下流じゃん」

そういう現実を目の当たりにしました。

しかしながら、あのバブルの時代というのは、本当に浮ついていた時代でした。大学生なのに、なんでこんなブランドものを持っているの？　どうしてこんな高級車に乗っているの？　という感じでした。

それなのに私自身は、いつもお金がなくて、まるで他人事でアルバイトばかりしていました。アルバイトは、全く興味のない接客業を一生懸命やって、お金を稼いでいました。

小さい頃から歌だけでなく、ダンスもやりたかったけれど、親からずっとダメと言われてできませんでした。それが、ようやく自分で働いて好きにお金を使えるようになったので、大学2年生のときにテニスサークルを辞めて、ミュージカルの学校に通い始めました。

月曜日は声楽、火曜日はバレエ、水曜日はジャズダンス、木曜日は演劇……、大学の授業の合間をぬって、ミュージカルの学校に通い、アルバイトもして、と本当に時間もお金もないから、夕食はキャラメル1個だけですませることもありました。

でも、世の中の喧騒と自分の生活が全く不釣り合いでしたが別にみじめだとは思っていませんでした。


ミュージカルの学校には、大学2年生時、3年生時と2年ぐらい通いましたが、それであきらめました。

最初は仕事にできたらいいなと思っていたけれど、甘い考えでした。本気でやるなら泥臭い下積みもしていかなければいけないけれど、それをやる覚悟が足りなかった。**夢見る夢子ちゃん**だったのです。


そんな大学生活だったので、友だちとおしゃれなところにごはんを食べに行ったり、旅行をしたり、いわゆる女子大生っぽいことは全くしませんでした。

周りからは、いつも走っているイメージだったようで「智ちゃんって、いつも忙しそうだね」と言われていました。

とはいえ勉強は、けっこう真面目にやっていました。日本文学科に入ったものの他の学部や学科の授業も受講できたので、もともと志望していた国際関係論や米国社会論など英米文学科の授業ばかりを受けていました。

ですから仲良くなる教授も、英米文学科の教授ばかりでした。そういう教授は元新聞記者などマスコミの人が多かったことから、就職はマスコミを考えるようになりました。そしてミュージカルの学校を辞めた後、3年生の終わりには就職活動のためにマスコミ塾に入りました。

そして、いざ迎えた就活は、バブル崩壊直後。新聞社、出版社、放送会社……、マスコミ系はいろいろ受けましたが撃沈。ここでも覚悟の足りなさを思い知らされました。

そこから一般の会社も受けるようになりました。ものすごい数の履歴書を書き、企業説明会に行き、面談に行き……、いいところまでいっても落とされる。常にリクルートスーツを着て、キャンパスを歩いている私に「智ちゃんって、いっつもスーツ着てるよね」と、同級生たちは悪気のない言葉をかけてきました。

そう、同級生のお嬢様たちは、私が苦戦を強いられているなか、親のコネで一流企業に就職が内定していたのです。

このときに突きつけられました。世の中は、こういうことなんだって。お嬢様たちは大して就職活動もしていないのに、一般受験でも受けられないような一流企業にみんな決まっていく。

今でも鮮明に覚えています。

大学のそばにある歩道橋の上から行き交う車を眺め、**世の中ってなんて不条理なんだろう**と思ったときのこと。


いい会社に勤めている親のもとに生まれたり、社長さんの親の元に生まれた人は、コネでいい会社に入れる。そこで恋愛結婚して、その子どもたちは、またいい会社に入れる。

そして、お嬢様というのは、単にお金持ちということではなく、いわゆるそういった**人脈やつながりなど無形資産を持っている**。だから、それを活用できるんだということを、まざまざと見せつけられたのが、この就職活動のときでした。

では、そこに乗れていない私が、ここから抜け出すには、どうしたらいいのでしょうか。考えられる方法は二択でした。

①自分がキャリアを積んで稼げる人間になる

②玉の輿とまではいかなくても、いい人をつかまえて結婚する

そのときの私は、断然①を選んでいました。自分は仕事をバリバリやる系の人間だと思っていたし、周囲の評価もそうでした。でも実は**私の潜在意識は②を選んでいた**とわかったのは、のちに自己啓発などの学びを深めるようになってからのことでした。

おしゃれな人に囲まれて社会人スタート

そんな苛烈な就職活動を経て、秋風が吹くころにようやく決まったのがアパレルの専門商社。勤務先は東京の問屋街でした。

やはりアパレルの人たちは、みんなおしゃれ。女性だけでなく男性もおしゃれでしたし、デザイナーさんたちは個性的で、自分だけのこだわりのファッションをされていました。

そんななか、おしゃれとは程遠い私は、いつも安物を着ているという感じ。でも制服があったので、本当に助かりました!

その頃の私はミュージカルだけでなく、英語もなんとかものにしたくて、英語にもずいぶんお金をつぎ込んでいましたので、ファッションや食事に全くお金をかけられませんでした。

そのときの私は「そういうのに興味がないんで」と思っていたのですが、多分そうではなく、そう言って自分をごまかしていたのかもしれません。本当はおしゃれもしたいし、おいしいものも食べたいのに、自分で無理に蓋をしていたのです。でも、そのときは単に興味がないというふうに過ごすしかありませんでした。

私はおしゃれが苦手、という思い込みが育ったのも、もしかしたらこの時の影響かもしれません。

仕事は営業事務でした。営業マンがとってきた数字を打ち込んだり、伝票を作って発注したりと、営業マンのアシスタントをする役割。仕事は嫌いではありませんでしたが、環境になじめなくて……。3年は頑張ろうと思っていましたが結局、2年半で辞めてしまいました。

でも、このときの経験は、非常に貴重な社会勉強となりました。それがわかったのは、自分が起業して経営者になってからです。

当時は20代前半で、自分の上に部長がいて、でもその部長は何もしていない(ようにしか見えなかった)。こっちは忙しいのに「お茶入れてくれる?」「コピーとってくれる?」なんて、正直、自分でやれよ、と思っていました。でも今になってみると部長と平社員とでは役割も違うし、責任の取り方も違う、とよくわかります。

また一般の会社に入ることによって、そこで働く男性たちの姿を見ることができたのも大きかった。のちに自分の結婚生活におけるよい教訓となりました。

さらに、これも今だからこそ、よくわかりますが、やはり人には会社員向きのタイプと起業家向きのタイプというのがある。起業家に向いている人が会社員になったら絶対につらい。私は、それなりに会社員をやれると思っていましたが、今思うと起業家向きだったのかなと思います。

アメリカで出会った彼は不動産オーナー？

2年半で会社を辞めてから約1カ月、アメリカへ一人旅に出ました。25歳のときでした。

まず向かったのは、友人の住むシアトル。友人宅を拠点に、大学時代にホームステイしていたロサンゼルス郊外やカナダのバンクーバー郊外、それぞれの家に遊びに行きました。

ちなみにロサンゼルス郊外にホームステイしていたのは、大学2年生の時の1カ月ほど。ホストファミリーとは今もつながっていて、当時ホストマザーのおなかにいた子は結婚して子どもがいます。月日が経つのは早いものです。

またカナダのバンクーバー郊外には、大学4年生の卒業旅行で1カ月ファームステイしました。バンクーバーは、気候がよくて街がきれいでとても住みやすい街。私の中では、今でも住みたい街ランキング1位の街です。

シアトルに住んでいる友人には、サンクスギビングデーのホームパーティ、クリスマスパーティ、チャリティコンサートなど、いろいろなところに連れて行ってもらい、アメリカの人たちとの交流を楽しみました。

Yさんという男性に出会ったのは、あるホームパーティでした。

やはり女性の25歳は、転機のとき。私にとって、この旅行でのいちばんの転機は、初めて彼氏ができたことでした。その彼氏であるYさんは、シアトル在住の日本人でした。

でも、Yさんが何をしている人なのか、どうやって生活しているのか、全くわからなかった。教えてくれなかったのです。

ちょっと話してくれたのは、テキサスにアパートを持っていて、中国人の友人とアパート経営をしていること。

今思うと、不動産から不労所得を得ていたということでしょうが、当時の私は、不動産というものが何かわからないし、不労所得という概念すら知らない。だから、それを持っていると言われても意味がわからなかったんです。

私の中では**「収入は仕事をしていないと得られない」**という感覚しかないので、「何の仕事をしているんですか」と聞いても、アパートの話を始めるのでチンプンカンプン。もう**あやしさしかありません**。

年齢も教えてくれませんでした。40は過ぎていたようでしたから、「40いくつなの？」と聞いても「いいじゃん、そんなこと」という感じ。フーテンの寅さんのようで、ガチガチに枠にはまっていた私は、そういう自由な人に惹かれたのです。でも合うわけがない。今の私ならYさんのような人を理解できるし、面白がれると思いますが、当時は25歳で親の家に住んでいて、世の中のことも知らないことだらけ。全く自由ではなかったので、**真の自由人**と合いようがないわけです。

私がアメリカ一人旅を終えて日本に帰って来てからは、Yさんも日本に戻って来て、日雇いのようなアルバイトをしていました。しばらくつき合っていて、私の両親にも会わせましたが、母からしたら、あり得ない人です。もう力ずくで別れさせようと頑張って結局、母が勝ちました。

母が心配するのは当たり前。Yさんと別れたのは、母のせいではありません。Yさんがしっかりしていないからです。

でも、そのときにYさんに「智子さんのお母さんは、僕じゃなくても誰が来ても反対すると思うよ」と言われたのです。そのときは「そうじゃない、あなただから反対しているんだよ」と思っていましたが、のちに誰から見ても「いい人」と言われる今の夫を家に連れて行ったときも、母は懐疑的でしたから、あながち

Yさんの言うことは、はずれてはいなかった。誰が来てもダメだというのは、真実だったかもしれません。

母は、やはり**一流企業に勤めている、肩書がある、収入が多い**など、そういう安心感がないのはダメだったのでしょう。

日本に戻ってからは、Yさんとつき合いながら、再就職活動を始めて、すぐに決まりました。再就職先は、念願の広告代理店です。一度は憧れたマスコミ業界で、私の担当は旅行会社の社内報の編集でした。

デザイナーさんと相談しながら、ここにこの文章を入れて、ここに写真を入れてと一つのものを作り上げていく作業は、私の中では理想の仕事でしたし、実際とても楽しかったですね。

ところが働き始めて1年くらいでYさんと別れて、2年が過ぎたころ、ちょっとしたすれ違いで、私が会社を辞めることになってしまいました。辞めると言ったつもりはないのに、上司がなぜか先方に私が辞めると言ってしまった。そんなこと言っていないけれどな……と釈然としない思いを抱えていたところ、今の夫と再会したのでした。そこから半年ほど辞書を編纂する仕事に就いたのち、夫と結婚することになり、仕事を辞めました。

2000年6月のことでした。

9歳年上の同じ高校の先輩と結婚

高校の合唱部の9歳年上の先輩だった夫は、私が高校生の頃からOBとして学校に来ていたので、ずいぶん前から知っている人でした。大人になって再会したのは、当時出始めのインターネットでのメールがきっかけでした。まだ電話線をパソコンにつなげてネットにつないでいた時代のことです。

夫は、絵にかいたような「いい人」。存在自体が「いい人」という雰囲気の人です。

私は友だちがいなくて悩んできましたが、夫の周りは男女問わず、友だちだらけ。いまだに取引先とこんなに仲良くなる人はいないだろうな、というぐらい誰とでも仲良くなれるのです。

　また夫は私のように、いろいろ深く考えるということがありません。常に幸せ感に満たされているから不満もないし、欲求もない。私からしたら本当にうらやましい。いつもニコニコしていて、結婚対象としては申し分のない人。そのうえ私は28歳という、結婚に対して焦っていた年齢で、会社を不本意に辞めることにもなってしまった。とにかくすべてのタイミングがドンピシャに合って、結婚ということになったのです。


　夫を改めて両親に引き合わせたときは、最初は母も懐疑的でしたが、昔から知っている大竹先輩ということで、特に反対もありませんでした。ただ当時の彼は、叔父さんのおこした会社に勤める一社員です。ゆくゆくは社長になる予定でしたが、中小企業の経営者なんて母からしたら不安しかない。でも私は、大企業でも安心できないだろうと思っていましたが……。

　結婚すると同時に、私は専業主婦になりました。就職活動のときにはバリキャリで働くつもりだったのに、完全なる専業主婦になることに何の違和感もなかったのは、**私の潜在意識が専業主婦を選んでいたから**だろうと思います。

「働くのが当たり前」という考えが潜在意識に入っていたら、専業主婦に違和感を感じて悶々とするでしょうが、私はそうではありませんでした。

なぜ私は「専業主婦」が潜在意識に入っていたのでしょうか。

私が子どもの頃は、まだまだ専業主婦が多い時代でした。働いているお母さんの子はどこか寂しそうで、専業主婦の母がいるわが家に遊びに来ると「いいなあ」と言われ、そこに満足感や優越感がありました。

あるとき、私が別の専業主婦のお母さんがいるお宅へ遊びに行ったときのことです。そのお母さんが、バターロールを焼いて出してくれました。パンなんてスーパーの菓子パンしか食べたことがなかった私にとって、焼きたての手づくりパンのおいしさは衝撃的でした。

パンを焼く匂いというのは、格別の幸せ感をもたらします。のちに自分がパンを焼くようになって、その匂いをかぐたびに幸せ感を感じるのは、そのときの記憶と結びついているからだろうと思います。

そういった、こざこざした記憶が「専業主婦」に対する憧れを生んだのかなと。

私が結婚した頃には「DINKS」という言葉が流行っていました。ダブルインカムノーキッズ。夫婦共働きで、子どものいない裕福な暮らしの夫婦の形。現在は、パワーカップルと言われているようですが、迷わず専業主婦を選んだ私は、時代に逆行していたのかもしれません。

ワンオペ育児に耐えられた理由

結婚して翌年の2001年に長男、翌々年の2002年に長女が生まれました。結婚して子どもが生まれてからも、夫は私にとっても「いい人」でした。私がやりたいということは「いいんじゃない」と全部認めてくれて、私が楽しそうにしているのを見ているのが楽しそう。とにかく私を全肯定してくれる人なのです。

現在、夫は約50人の従業員を抱える機械メーカーの社長ですが、もともとこの会社を創業したのは夫の叔父夫婦で、最初から社長だったわけではありません。私と結婚したときは主任で、子どもたちが小さい頃は課長、社長になったのは中学生になった頃だったと記憶しています。


しかし結婚した当初から、夫は朝8時過ぎに家を出て、翌朝の3時や4時に帰ってきます。家に帰ってきてから食事をしますが、ソファで鍋ごと食べていることも多く、朝起きるとソファで寝ていて、そのあたりに空の鍋が引っくり返っていることもしょっちゅうでした。お風呂で寝ることも多く、危ないからやめてほしいとよく嘆願していました。

でも夫のスゴイところは、そういう生活をしていても「眠い」「疲れた」「○○が痛い」「休みたい」といった愚痴を一切言わないこと。ふつうの人なら「こんなに大変なのに」と言いそうなのに全く言わない。それだけで心から尊敬していました。

そういった夫の生活は月曜日から土曜日まで続き、休みは日曜日だけ。日曜日はベッドで寝ているので、ゆっくり寝かせるために、私は朝早くから子どもたちを公園に連れ出し、お昼まで遊ばせていました。そして家に帰っても、夫はまだ起きていないな……という具合。

「家族サービスをしてほしいと思いませんでしたか?」と、よく聞かれますが、それよりも私は夫の体が心配でしょうがありませんでした。とにかく休ませたいという思いのほうが強かったのです。

だから私は子ども二人を連れて、どこにでも行きました。バスで遠出もしたし、いろいろなレジャースポットにも行ったし。どうしても夫がいないとこわい海などは一緒に行ってもらって、それ以外はなるべく一人で連れて行っていました。

もう完全にワンオペ育児です。それでも夫に不満がなかったのは、とにかく休ませたかったというのと、新卒で入った会社での経験が大きかったのです。

先述した通り、新卒で入った会社で、私は「営業事務」の仕事をしていました。

営業は全員男性。取引先の人から怒鳴られて平謝りしている姿、「今すぐ屋上行って飛び降りてこい!」と理不尽な怒られ方をしている姿、事務所の小部屋で死んだ魚のような目をしてたばこをふかしている姿……、そんな営業マンたちを見ていて、本当に大変だなと心から思っていました。

仕事とは別に、社内には野球部があり、何回か試合の応援に行きました。試合には営業マンの家族も応援に来ていて、奥さんやお子さんたちと会う機会がありました。

営業マンのなかには、恐妻家で知られたKさんという人がいました。会社には、Kさんの奥さんから何度か電話がかかってきたことがありますが、「奥様からです」と伝えると「いないって言って」と拝まれていました。

試合には、Kさんの奥さんも来ていました。赤ちゃんと3歳くらいのお子さんを連れて、奥さんも大変なんだなと思いながら話してみると「うちのダンナ、この前ディズニーランドに連れて行ってくれるって約束してたのに、仕事になったって言ってね。ひどいと思わない?」と愚痴を聞かされて……。

Kさんが会社で大変な思いで仕事をしている姿を見ている身としては、ただただ笑ってやり過ごすしかありませんでした。

ただ、これらの出来事は私の中で、よい教訓になりました。男性は外で大変な思いをして働いている。だから私は結婚したら、家で夫のことを責めたり、文句を言ったりしないようにしよう。働く人は外で戦っている。だから**家を戦いの場にしちゃいけない**と心の中で強く誓ったのです。

お金があっても使えない

家計については専業主婦でしたから、すべて夫の給料でやりくりしていました。当時、私自身は稼いでいないけれど、その代わり子育てをしているので、それでいい。でも**「お金は使ってはいけない」**と思っていました。

子どもの頃から「金食い虫」と言われ続けていた私は、お金に対して常に不安感がありました。現実にお金があろうがなかろうが、常に自分はお金を使い過ぎているのではないかという**恐怖感**と、夫が稼いできたお金を食いつぶしているのではないかという**罪悪感**に押しつぶされそうになっていたのです。

それこそ私の誕生日に夫から何か買ってあげる、もっと買っていいよ、と言われても「いいです、これで」って買ってもらうこともできない。小さいときからしみついている習性でしょう。使っていいと言われても使えない。むしろ使ってはいけないと思っている。だから**全然幸せ感がない**のです。

お金というのは、稼ぐことよりも使うほうが幸せなのは確かです。お金を使えない恐怖をいつも抱いていた私は、ずっとストレスをため込んでいたのです。

専業主婦からパート主婦、そして着物の先生へ

ふだん自由な気持ちでお金を使えない分、ここぞというときにドンと出すのも

また私の習性でした。学生時代のミュージカル学校の学費や英語の教材費、海外旅行代などがそうです。

そして一人目妊娠中には「ディズニー英語システム」という高額の子ども用英語教材をドンと購入しました。私自身、とにかく英語に悩まされてきたので、子どもたちには生まれたときから英語に触れさせたかったのです。

実際、子どもたちは生まれたときから英語のシャワーを浴びているうちに、自然に英語を話すようになりました。特に下の子は英語があふれるように出てくるように。そうすると親としては、もっと伸ばしてあげたい。普通の幼稚園に入って日本語のシャワーを浴びてしまうと、もったいないと思い始めました。

私は都内近郊のいろいろなプリスクールに見学に行きました。娘が生き生きと体験しているのを見て、ここに入れたいなと思ったし、先生方からもぜひ来てくださいと言われる。でも、ここでもネックになったのがお金です。

学費がすごく高い。これはちょっと払えないなと、二の足を踏んでいたときに、自宅からはやや遠いけれど、バスで通える英語の幼稚園の存在を知りました。そこは普通の幼稚園ですが、英語クラスがあり、担任の先生もネイティブです。学費もプリスクールほど高くなく、これだと思って申し込もうとしたら、すでに試験は終わっていました。でも、お手紙を書いて、ゴリ押しで面談してもらい、どうにか二人とも合格して入れてもらえるようになりました。

子どもたちが幼稚園に入園してからは、毎朝バス停まで子どもたちを送っていき、午後早くにまたバス停に迎えに行くという生活が始まりました。

しかし自宅からバス停まででは、それなりに距離があったので、子どもたちをバス停で見送ったあとに家に帰って、また迎えに行くのは時間のロスになります。ならば、この時間を有効活用しようと、バス停のそばにあるファミリーレストランで半日のパートを始めました。だからお金を稼ぎたくてパートを始めたわけではなく、これって一石二鳥じゃんという感じだったのです。

正直、仕事にやりがいを求めていたわけではありませんでしたが、やってみるとすごく楽しかった。このパートで、私は初めてデリバリーのために、バイクに乗るという経験をしたのです。これまでの人生で、自分がバイクに乗るなんて思いも寄らなかった。でも、そのときにこの歳になって初めてのことをするなんて、なかなかできない経験でした。このときから挑戦する人生を選んでいたのかなと思います。

しかしファミレスで稼いだパート代は、すべて幼稚園のママ友とのおつき合いに消えていきました。やはり、そういう特殊な幼稚園に子どもを入れる家のママたちは、意識高い系の人が多い。

話題は、早期教育と小学校受験の話が中心です。その子どもたちも毎日習い事で埋まっています。ママ友ランチも、ファミレスではなくホテル。ホテルに行くには、それなりの洋服が必要で、そういったお金にパート代が流れていったわけです。

そういった意識高い系のママ友たちとのおつき合いは、けっこうきついものがありましたが、なぜかそのコミュニティに入ると、それはそれで居ごこちがいい。

そこから出て外から見ると、なんであそこにいたんだろうと思いますが、中にいるときはそう思わない。共通点が多いからでしょうか、居ごこちがいいのです。でもそういったママ友たちとのおつき合いも、子どもの卒園とともに卒業することになりました。

子どもの卒園が近づいたころ、ファミレスのパートを辞めて、着付け教室に通い始めました。長男の卒園が迫っていたので、卒園式と小学校の入学式に着物を着たい、そして長女の七五三に着物を着せたい、という思いがあったのです。

そもそも私が着物に興味を持ったのは、20歳で振袖を着たときです。初めて着る着物に周りの友人は、みんな「苦しい」「早く脱ぎたい」と言っていたけれど、私はすごく着ごこちがよくて、朝6時に着付けをしてもらったのに、夜8時になっても脱ぎたくなくて脱ぎたくなくて。

「え〜、もう脱いじゃうの、もったいない!」

それぐらい初めて着物を着たときの喜びは大きかった。ですから着物っていいな、着付けを習いたいなという気持ちは、ずっとあったのです。
でも20代の頃の優先順位は、旅行や観劇でしたから、なかなか着物にまでいかない。結婚して、子どもが生まれて、ようやく着付け教室に通えるようになったわけです。

着付け教室の体験に行ったとき、先生から「着物の仕事はいい」と着物を仕事にすることをすすめられました。

・着物の仕事は、きれいなものに触れる仕事
・女性の仕事で、定年がない
・年齢がいってもできるどころか、年齢がいったほうが貫禄が出ていい

「手に職」というものに漠然と憧れがあった私には「着物を仕事にする」がスト

ンと落ちました。そして、習い始めて1年半後、子どもたちが小学校に上がってからは着付け学院の専任講師になったのです。

着物業界の深い闇

小学生の頃に母に「先生でいいでしょ」と言われていましたが、ここで初めて「先生になってるじゃん、私」と思いました。いざ先生になってみると、人と接したり、向き合ったりするのって、こんなに楽しいんだと感じたので、実は先生に向いていたのかもしれません。

でも着物の世界に入ると、その闇が大きくて……。

まず着付けの先生は、ありえないほどの薄給です。学校側から「着付けの勉強のためにいらっしゃい」と呼ばれてタダ働きさせられることが多く、いわゆる生徒に教える教習手当はスズメの涙。圧倒的に着物を販売してもらう売上手当のほうが大きいのです。

どういうことか、もう少しくわしく説明しましょう。

着付け学院のマネタイズポイントは、実は教えることよりも着物販売です。そのためには、まず生徒に「着物を着られるようになりましょう」と教えます。生徒が着物を着られるようになると着物を買いたくなるので、学校は着物を売ります。そして「せっかく着物を買ったから出かけましょう」とお出かけイベントを企画します。生徒たちは着物を着て、そういったイベントなど、いろいろなところに出かけて、さらに楽しくなってまた買う……。このループにはまらせるのがポイントなのです。

一方、先生は教える立場ですが、生徒に着物を勧めなければいけない。それだけでなく、生徒に勧めるからには、自分もそれなりの着物を買って、この着物は「こんなところがいいよ」「こう合わせたほうがいいわよ」と伝える必要があるので、先生も着物をどんどん購入します。

そう考えると、着付け学院のいちばんのお客は誰かというと、先生です。先生がカモになっているのです。

当時の、私もそのループにはまった一人でした。もともとお金を使う恐怖があったところに、着物をどんどん買わなければいけない。家計のお金は、着物のローンでみるみる消えていくし、子どもたちのために貯めていた口座からもお金を引き出し、「もうどうしたらいいいんだろう」と途方に暮れました。

それなのに、子どもたちからは「僕たちのために働いてくれて、ママありがとう」なんて言われて、もう罪悪感しかありません。この頃は常に顔面神経痛がとれませんでした。

着付け学院を辞めるきっかけになったのは、世の中がかなり不景気になっていたことが大きいですね。着物業界の業績も、ゆるやかに右肩下がりだったのが、あるときからストンと落ちて、着物を購入する人が明らかに減りました。

そうなると購入する人と購入しない人の二極化が起こり、購入する人ばかりにしわ寄せがいくようになっていきました。

私の生徒の中にも、よく購入する人がいたわけですが、そういう人はすでにいっぱい買っている。それこそローン地獄なのに、さらにその人たちに買わせようとするわけです。上からは「大竹先生、○○さんに次は何をすすめるの？」。「いや、もう○○さんはいっぱい買っていますよ」と言うと、「いやいや、大竹先生なら、まだまだいけるでしょう」……、もう嫌だ。私はその人たちに、これ以上買っていただきたくない。

先生の中には、生徒にすすめるのがいたたまれなくて、自分で買っている人もいました。でも私は、それは絶対におかしいと思っていたので、断固としてやりませんでしたが、でも本当に気に入ったものは買っていました。

しかし、あるときお出かけイベントで、歌舞伎座に歌舞伎を観に行ったときのこと。私は歌舞伎に由来する帯をしめていき、生徒さんに「見てみて、これ歌舞伎の帯なの」と見せたときに、ある生徒さんから一言。

「先生、また買わされちゃったんですね」

それを聞いたときに、生徒からこう思われるようになったらおしまいだな、もういいと思って辞めたのです。

自己啓発本やビジネス本との出合い

着付け学院の講師を7年ほど務めたあとは、自宅で着付け教室を開きました。ところが、ここで初めて自分は何も知らない世間知らずの甘ちゃんという現実を味わいます。

今までは学校が生徒をとってきて、私はあてがわれたその生徒に教えればよかった。でもそこを離れると、どうやって生徒をとってくればいいのかもわかりません。いろいろと案は浮かぶけれど、行動に移す勇気がなくて堂々巡り。

全く稼げず不安。精神的にも、とてもきつい時期でした。

そんなときにビジネスに熱心なママ友から「こういう本を読むといいよ」と自己啓発本をすすめられました。最初にすすめられたのは、本田健さんの本だったと思います。

これまでも読書は大好きでしたが、読むのはエッセイや小説ばかり。自己啓発というジャンルの本を手にとったのは初めてでした。「成功者」という言葉も初めて知りました。成功者なんて言葉、言ったこともないし、ふだんの会話でも聞いたことがありませんでした。

初めて触れた自己啓発の世界に興味をひかれて、すすめられては買って読む、すすめられては買って読む、ということを繰り返しました。

たくさん読むうちに、どの本も原理原則は共通していることに気づきました。たとえば「感謝が大事」「ありがとうと言いましょう」。あるいは「願えば叶う」など。しかし、まだこのときは「読んでいる」「知っている」という段階でした。

ビジネス本も、ずいぶん読みました。そこで知ったのは「権利収入」という言葉。同じころ、あるセミナーで収入には「労働収入」と「権利収入」という二つの収入の得方があることを知りました。

権利収入とは、

①システムがお金を生み出す
②お金がお金を生み出す

というもの。自分の時間を切り売りして働く＝「労働収入」という収入の得方しか知らなかったので、そういうものがあること自体に驚きましたし、この権利収入が「欲しい」と心から思いました。

同時に高い建物が思い浮かびました。今の私は5階に住んでいて、5階からの景色しか見えない。でも30階に住めば、30階の景色が見える。その景色は5階とは全く違うだろう。

私はその30階からの景色が見たい。

そこからは、どんなふうに世の中が見えるのだろう。5階から見ると問題に見えることも、30階から見るとちっぽけな問題に見えるよね。世の中の見え方が変わったときに、私はどういう感情を抱いているんだろう。

私はそういうことに、興味をかきたてられました。

ロバート・キヨサキ氏の著書『キャッシュフロー・クワドラント』には、お金の入り方は、4領域あるとありました。

左側は、雇い主から給料をもらう「従業員（employee）」、自分が雇い主になる「自営業者（self-employed）」、右側は自分の仕事や投資から収入を得る「ビジネスオーナー（business owner）」「投資家（investor）」。

権利収入を得るには「B」か「I」になるし

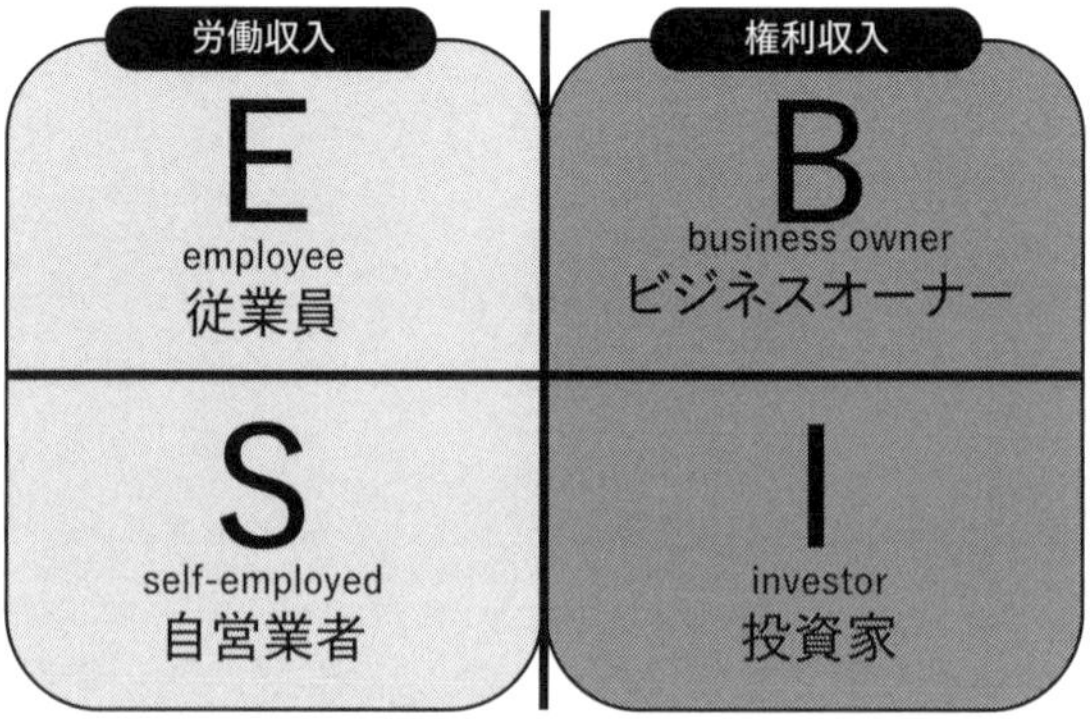

かない。

権利収入が欲しいという願望が潜在意識に張り付いた私に、「不動産」がやってくるのは必然だったと思います。しかし、まだこの頃は「労働収入」の「E」から「S」へ移っていくところでした。「B」や「I」になることも簡単ではありません。

この考え方はのちのち、私の選択に大いに影響を及ぼすことになります。

私はまず何も知らないビジネスというものを学ぶことにしました。2017年には起業塾に入り、本気で着付けを事業にするために動き始めました。

とはいえ、このときの私は、自宅で着付けの先生、フリーで着付け師の仕事、たまにそれ以外の着物のバイト、という状況でした。

第 2 章

不動産投資って何？

経営者としての夫に気づきを与えたい

自己啓発に関する本を読んだり、セミナーに通ったりしていた私は結局、今起こっていることは、すべて自分のせい。自分が変われば、相手も変わる。自分が源という考えを強くしていきました。

そして、この考え方を夫にもわかってもらいたいと思うようになりました。

というのは、当時の夫は社長になり、社員の人たちのことを「うちの社員は使えないやつばっかりなんだよ」と、よく言っていたからです。私は、夫からそういう発言を聞くたびに「いや、あなたのその考えが変わらない限り、いい方向には変わらないよ」と悲しく思っていました。

しかし、それを会社の部外者である私が言ったところで、夫が聞く耳を持つはずもなく、だからなんとか自分から気づいてほしくて、セミナーに誘いました。

最初に一緒に行ったのは「質問セミナー」でした。自分に対する質問や相手に対する質問、質問力が人生を変えますよ、といった内容です。セミナーの中で、いろいろなワークをしましたが、夫はそんなことをしたことがないので、なかなかうまくできません。「質問は難しい」「質問なんて全然考えられない」といった感じで終わりました。

なかなかうまくいかず、次に連れて行ったのが「今いる自分がいるのは、ご先祖様から受け継がれてきたおかげ」といった類のセミナー。そういう目に見えないものに感謝、といったこの内容は、夫にけっこう響いたようでした。

でも「よかったよ」「楽しかった」と言って終わり。現実には何も変わらない。そんな状況が続いていたところに出合ったのが、ある「不動産セミナー」でした。

2018年のことでした。

自宅は資産でなく負債!?

きっかけは、夫が義妹のためにマンションを買うという話でした。夫の両親は、すでに他界し、義妹は千葉の実家に一人暮らし。しかし仕事柄、都心に住んだほうが都合がよいということで、都内に引っ越すけれど賃貸はもったいない。購入したら「資産」になるので、夫がマンションを購入し、そこに義妹を住まわせて、義妹が夫に家賃をおさめるという形でどうかという話をしていました。

そして義妹が不要になったら、そのマンションは「資産」になるから、うちの子どもたちが住んでもいいし、どうだろうと。

実は、私は一人暮らしをしたことがなく、賃貸にも住んだことがありません。ずっと家族所有の家にしか住んだことがないので、全くこういったことには疎かった。

「そっか、資産になるのか、確かに」

「うん、いいんじゃない」

夫もそんな感じで、自宅をもう一軒買うつもりで、住宅ローンを組もうとしていました。

そんなときに、出合ったのです。ロバート・キヨサキ氏の『金持ち父さん 貧乏父さん』に。

そこに書いてあった「資産」と「負債」の話に一気に不安になりました。

「資産」とは何もしなくても、あなたのポケットにお金を入れてくれるもの。「負債」とは何もしなくても、あなたのポケットからお金が出ていくもの。

その定義からいくと、多くの人が自宅を「資産」だと思っているけれど、実は自宅は、あなたのポケットからお金が出ていく「負債」。

当時、わが家は、家のローンがあと少しで終わるところでした。せっかく終わるところなのに、義妹のマンションを買って、うちが住宅ローンを組むと、また**新たに「負債」を抱えるということになるの!?**

どうしよう、どうしよう、どうしよう……。

一気に不安になりました。

一棟マンションが買えますよ

そんなとき、あるビジネスランチ会で、たまたま隣になった方に「義妹のためにマンションを買おうとしているけれど、迷っている」と話してみました。そういうことなら専門家に相談してみたら、と紹介していただいたのがファイナンシャル・プランナーのMさんという男性でした。

初めてMさんにお会いしたとき、この状況をお伝えした私は、「家というのは負債になるのでしょうか?」と尋ねました。とにかく私は「負債」を抱えることの恐怖心しかありません。義妹のマンションの契約は目前でした。

Mさんとお話ししたあと、私は夫に話すもうまく伝えられず、とにかくMさんに会ってくれと、今度は夫を連れてMさんに話を伺いに行きました。他にも個人的なお金の相談をしたあとに、突然こう言われたのです。

「大竹さんは、すぐにでも一棟マンションを買えますよ」

その時の私の状態は「一棟」はわかる。「マンション」もわかる。でも「一棟マンションってなんだ？？？」でした。

ふつうに暮らしていて「一棟マンション」という言葉は出てきません。少なくとも当時の私は、そんな言葉を使ったことはありませんでした。

家は負債だから、マンション契約をやめようかという相談をしていたのに「一棟マンションを買えます」と言われる意味がわかりませんでした。

またMさんは「どうしても妹さんを何とかしてあげたいという気持ちがあるのなら、法人を作って社宅として住まわせるということもできますよ」と言います。

私の頭は大混乱。全く訳がわかりません。

でも今ならわかります。一棟マンションは収益物件なので「資産」になる。一棟マンションを買って、そこに入居者を住まわせて、入居者から家賃をもらう。まさに何もしなくても、ポケットにお金が入ってくるというしくみについてMさんは話していたわけです。

ちょうどその日、ある不動産オーナー育成セミナーを主催する会社のショートセミナーがあるということで、行ってみないかと声をかけてもらいました。すでに募集は打ち切っていましたが、Mさんの口利きで、なんとか入れてもらえることになりました。

夫はその後、仕事がありましたが、私は時間があったので、何が何だかわからなかったけれども行ってみることにしました。

これが、**わが家の不動産投資の始まり**でした。

偶然受けたショートセミナーがスゴすぎた！

当時の自分は「不動産」というものが、自分の人生に関わるなんて思いもしませんでした。ずっと家族所有の団地暮らし。一人暮らしをしたこともなく、結婚したら新築の持ち家。不動産については、右も左もわからない状態でした。

セミナーが始まり、三つの「マイソク」が配られました。マイソクとは、不動産会社が売りに出している物件の情報が1枚に詰まったもの。そこから「どの物件が買いでしょうか」というクイズが出されました。

全くもってチンプンカンプン。何を見たらいいのかわからない。駅に近いとか、部屋が狭いとか、バスとトイレが別なのがいいなとか、完全に住む目線でしか見ることができませんでした。

「利回り」という言葉も聞いたことはあるけれど、意味は全くわからず。何となく数字が大きい方がいいんだろうなと思いました。

「木造」というのは、わかるけれど、「RC」ってなんだろう？

とにかく、そこにある情報が何を語っているのかわからず、あてずっぽうでこれがいいと手を挙げることすらできませんでした。

そのとき隣に座っていた男性とは、今も交流がありますが、会うたびに、いまだにこのときのことを言われます。

「あんなに、何もわかんな〜いって言ってた大竹さんがね〜」って。

とにかく全く知らない世界で理解不能でしたが、同時にこうも思っていました。

「夢にまで見た権利収入が得られるかもしれない！」

先述した通り、学びを始めた私は「権利収入が欲しい」が願望に入っていました。不動産は、権利収入の王道中の王道だったけれど、あまりにも自分から遠い存在だったため、この願望と直結していませんでした。

しかしロバート・キヨサキ氏の4領域の概念でいうと、権利収入を得るなら「B」や「I」になるしかないとありました。この「I」こそ、まさに不動産。喉から手が出るほど欲しかった権利収入を手にできるかもしれない！

このワクワク感は言葉ではつくせないものでした。

潜在意識にずっと願望が張りついていたから、神様が今日この場に連れて来てくれたんだと、本気でそう思いました。

いきなり目の前に現れた、このチャンスをつかまない選択はあるでしょうか。

このショートセミナーは、3日間の本番セミナーのいわば説明会。さらに3日間の本番セミナーに出たら、不動産が買えるらしいことがわかりました。

私はこのあと本番セミナーを受けて、一棟マンションとやらを買い、不動産オーナーになっていることをなぜか確信して、ショートセミナーをあとにしました。

家に帰った私に、夫が「どうだった？　一棟マンション買ってきた？」と冗談交じりに聞いてきました。

「一棟マンションって、そんなに簡単に買えるものじゃないけど（当たり前）、3日間のセミナーに出ると、一棟マンションが買えるみたい。あなた、一緒に行けないかな」

先述した通り、夫は連休がほぼありません。3日間なんて不可能だと思ったけれど、ここで奇跡が起こりました。夫が「いいよ」と言ったのです。

私が夫を誘ったのには、実は私なりの考えがありました。この不動産セミナーで話す代表の話が、今の夫にすごく深く響くと確信したからでした。

この代表は「不動産会社」のほかに、「能力開発教育会社」もされていたので、単なる不動産の領域ではない話もされるだろうと思ったのです。

喉から手が出るほど欲しい「権利収入」とともに、夫に響くかもしれないという期待。

かくしてわが家の、3日間の本番セミナーに夫婦で88万円もの大金を出すというチャレンジが始まりました。

ちなみに義妹のマンションの契約は、あと一歩というところで破棄しました。

それぞれに変化をもたらした3日間のセミナー

2018年7月、私たち夫婦が受けた3日間の本番セミナーは、いわゆる「不動産オーナー育成セミナー」。賢い不動産オーナーを育成することで、変な不動産をつかむこともなくなり、ひいては不動産業界全体の底上げになるという革新的なセミナーということでした。

といっても、ふつうの不動産セミナーを受けたことのない私たちにとっては、何が革新的なのか今ひとつわかりません。

でも、そのセミナーで代表の話す内容は、うちの夫に向けて言っているんじゃないかなと思うぐらいドンピシャな話ばかり。まさに「自分が源」という話を、いろいろな例を挙げて話してくれました。

またビジネス書の名著『7つの習慣』を引用したタイムマネジメントの話も、夫に大きく響いたようでした。

その概念は、次の4つのマトリックスに分けられます。

夫は朝8時に出て、翌朝の3時、4時に帰ってくる。その仕事は、すべて「緊急」という第一象限。そうすると休日は、ダラッとして無駄な時間を過ごす、第四象限の時間です。第一象限の反動は第四象限。ここはセットになっていて、まさに夫はそういう生活をしていました。

でも経営者にとって大事なのは、第二象限の時間。本来、経営者は会社の未来や今後のビジョンなどを考えなければいけない。第一象限をやっている場合ではないのです。ということを聞かされて、夫は「どう考えても自分はそうだな」と

	緊急	緊急でない
重要	第一象限 緊急で重要 （第一象限） 必須 締め切りのある仕事 重要な会議	第二象限 緊急でないけれど重要 （第二象限） 生産性とバランス 豊かな人間づくり 計画や準備
重要ではない	第三象限 緊急だけど重要ではない （第三象限） 錯覚 重要でない電話 妨害や邪魔	第四象限 緊急ではない 重要ではない （第四象限） むだ 単なる暇つぶし 意味のない行動

いうのがわかったようです。

そのときに初めて自分は、今にとらわれて未来のための時間が全くとれていないと気づく、自己評価が起こったのです。ちょうど会社の業績も落ちていて、このままいくとまずいな、経営を何とかしないといけないという事情もあって、より響いたのかもしれません。

一日目、二日目はうーんという感じの夫。しかし三日目にセミナーが終わったときに、この代表の他のセミナーを申し込むという行動に出ましたから、私はようやく夫に気づきを与えるところに連れてこられた、と安堵しました。

一方、私は私で初日、最初に言われた一言に、まずガツンとやられました。

「今まで得た収入の20％が今手元にないとしたら、ファイナンシャルリテラシーゼロの人です」

脳天を衝かれたような衝撃。動悸が起こり、頭がクラクラしました。

20％!?　20％どころか当時の私は、マイナスもいいところでした。ここで初めて、クレジットカードの支払いを延滞するのは信用問題になること、リボルビング払い（リボ払い）もよくないこと、ましてやキャッシングをするなんてもってのほかなことを知りました。

どれも当たり前のことなのかもしれませんが、当時の私はどれにも当てはまっていたため、真っ青になりました。

そして夫に最も響いたタイムマネジメントの話は、私にも大きなインパクトを与えました。

夫と同様、私も第二象限で生きるなんて全く知らない概念でした。

不動産投資だけでなく「投資」というのは、すべて「緊急でないけれど重要なこと」。けれども緊急ではないから自分で意識しない限り、第二象限の時間をとるということはできません。

不動産の学び以前に、もっと基礎的なところの土台が全くない私は、ただただ衝撃を受けました。

収入を得るのは「仕事」しかないという見方も、「労働」を伴う収入でないと価値がないということも、すべては「パラダイム」＝思い込みということがわかりました。

そもそも「パラダイム」という言葉自体、初めて知りましたし、とにかく今まで全く知らなかったことばかりを教わり、不動産以前の学びが、とても大きいセミナーでした。

不動産に関しては、昔の電話帳のような大きくて分厚いテキストが2冊配られて、そこには不動産投資に必要な知識がすべて盛り込まれていました。

・物件
・利回り
・立地

・構造
・耐用年数
・銀行の融資の受け方
・税金
・稼働力、収益力、担保力
・インカムゲインとキャピタルゲイン
・管理会社
・満室経営……

3日間でその内容をすべて網羅した私は、前述した「マイソク」の見方が全くわからない状態から、瞬時にわかるレベルになっていました。

このセミナーで徹底して言われたのは**「不動産は手段であり、幸せに向かうことが重要だ」**ということ。

私が今も「不動産は幸せになるための手段でしかない」という価値観が一貫してあるのは、このセミナーのおかげだと思っています。

第３章

不動産投資にトライ！

いよいよ不動産オーナーになる！

２０１８年5月にファイナンシャル・プランナーのMさんに「一棟マンションを買える」と言われたその日に、不動産ショートセミナーに参加しました。そして7月に3日間の本番セミナー「不動産オーナー育成セミナー」を受講、その2カ月後の9月に私たち夫婦は、買付（買いますという意思表示をすること）を出し、11月には本当に一棟マンションを購入しました。

不動産のふの字も知らなかった私たち夫婦が、勉強してからたった4カ月で一棟マンションを手にしてしまった!!

そこから現在に至る5年間で、５棟の一棟マンションを購入し、そのうち2棟を売却、２棟を新たに購入、不動産購入額は10億円に達しました。

まず一棟目からお話しさせてください。不動産を手にする手順は、次のようにセミナーで教わっていました。

物件検索
↓
物件調査(現地調査)
↓
銀行に融資の相談
↓
買付を入れる
↓
融資をつけてもらう
↓
契　約
↓
融資実行=引き渡し
↓
不動産オーナーになる!

この通りにやればいいと思っていた私は、まず物件検索から始めました。

物件検索は、楽しくてたまらず、夜ベッドに入ってからも、ずっとやってしまいました。「これもいい！」「あっ、これもいい！」と見つけた物件は、すぐに夫にＬＩＮＥで送信。

物件調査は、一緒に住む母がデイケアやデイサービスに出掛けている間に行いました。お迎えにきた車に母を預けて送り出したあと、電話とメモ帳とパソコンを前に、ひたすら客付け業者（実際に部屋を探す人が問い合わせるところ）に電話しまくりました。「今日は不動産の日」と決めて。

現地調査も行いました。８月の暑い日に、あちこち回って写真を撮り、そんななか、一棟目に購入する物件も見に行きました。

そして銀行開拓にもトライ。初めての銀行訪問は、アポなしでいきなり飛び込みで行きました（今思うと恥ずかしい）。８月の暑い日、銀行に行くためだけに夏着物に着替えました。銀行に行くために着物を着ることは初めて（笑）。その後「銀行に着物を着ていくなんて」と、セミナーの受講生仲間の間でも、語り草になってしまいました。でも今でも、あの選択は間違いではなかったと本気で思っています。

そもそも着物には「力」があります。着るだけで、その場所やその場所にいる人たちが自然と格上げされるという着物マジックともいえる力です。たとえばレストランに着物を着て行くと、それだけでその場が華やかになります。

そして不動産で銀行に行くときは「融資」を受けるという特別なとき。そんな大切なときだからこそ、私は着物の力を存分に借りて「私は不動産オーナーである」を自分にインストールして臨んだのです。

「私は不動産オーナーである」

つまり「Ｈａｖｅ（もつ）→Ｄｏ（やる）→Ｂｅ（なる）」ではなく、「Ｂｅ（なる）

↓Ｄｏ（やる）↓Ｈａｖｅ（もつ）」という視点から、まず「Ｂｅ（なる）」が先と考えたわけです。これは目標設定の方法の一つで、自己啓発の本やセミナーによく出てくる概念。私自身、着付け学院の講師時代から意識していました。

ですから、このときは「不動産オーナー」になっている自分なら、どういう格好？　どういう立ち居振る舞い？　というところから考えて着物をセレクトしたわけです。

私にとって不動産オーナーは、お金持ちのイメージ。そのお金持ちの奥さんなら着物かなと思ったのです。

でも、どうやらふつうの人たちが銀行に行くときは、銀行＝おかたい＝ビジネススタイルという連想ゲームで、スーツで行く人が多いということが、のちにいろいろな人と話してわかりました。

だから私が着物で銀行に行ったと言うと驚かれる。でも私は「Ｂｅ（なる）↓Ｄｏ（やる）↓Ｈａｖｅ（もつ）」という視点で考えて、その貫禄の演出として着物を活用しただけで、それは今でも正解だったと思っています。

「Ｂｅ（なる）→Ｄｏ（やる）→Ｈａｖｅ（もつ）」という視点は、不動産だけでなく、ビジネスの場面でも、しょっちゅう役立っています。

たとえば、つらい状況が続いたときに「私は経営者である」と思えば、弱音を吐かないし、逃げない。かなり役立っている考え方ですね。

とにかく、最初に銀行で応対された若い男性の行員さんは、まず着物を褒めてくれました。

夫と夫の会社の信用ありきの融資

「銀行を制するものが、不動産投資を制する」

不動産の世界では定説ですが、わが家に対する銀行の信用は「夫」と「夫の会社」に他なりませんでした。

新規開拓した銀行の担当者に、夫と夫の会社の話をすると、その方の目の色が変わりました。とても和やかなムードで話して銀行をあとにしましたが、すぐに担当者から電話がかかってきて、支店長と一緒に伺いたいと。翌日、担当者と支店長が、わが家を訪れました。

不動産の融資を受けるにあたり、わが家の場合、夫と夫の会社の信用ありきでした。融資を受けるなら、夫の会社の取引銀行のほうが、財務状況がわかっているることもあってベスト。わざわざ来てくださった銀行の方々も、とてもやりたがってくださったけれど、ここは信用というところで、夫の会社の取引銀行から融資を受けることに決まりました。

銀行とのやり取りは、基本的に夫でした。私がやりたかったけれど、私は「信用のない」人。夫に「銀行からこういうものを求められた」と言われたら、それを夫に渡す→夫が銀行に渡す、といった少し面倒くさいやり取りが発生しました。

夫は仕事がとにかく忙しく、社長としてやるべきことがたくさんあるなか、不動産に仕事を邪魔されるのをいやがりました。私もなるべく夫の負担を軽くしたく、直接銀行とのやり取りを望んだものの、私は長らく蚊帳の外でした。

セミナー受講後、2カ月で買付

不動産オーナー育成セミナーでは、受講生に担当コンサルタントがついて、いろいろと相談にのってくれます。私は、千葉県のRC（鉄筋コンクリート構造）のオーナーチェンジ物件を購入しようかどうか迷っていました。

なぜ迷っていたのか……。

考えてもみてください。100万円を大金と思って生きてきた人間が「1億円」の買い物をするのです。迷わない人なんていないと思います。

よく「買付を入れるのに不安はありませんでしたか?」と聞かれますが、「全くなかったです〜」と言われる人に会ったことがありません。

誰にでも「初めて」はあります。そして、その初めては文字通り「やったことのないこと」をするので、迷いや恐怖というのがあるのは当たり前なのです。
もし、今そこで迷っている人がいたら、心から言いたいです。

「迷うのは当然です。度胸と勇気があるかどうかです」

担当コンサルタントの女性は、迷っている私に「何が不安ですか?」と寄り添ってくれて、9月20日の私の誕生日にちなんで「バースデー買付はいかがでしょう?」と背中を押してくれました。
結局、私は誕生日に決断することはできませんでしたが9月23日、一棟目の買付を出すことに決めました。

初めてセミナーを受けてから2カ月の、スピード買付。全く何の知識もない状態からスタートし、2カ月で不動産会社と話しても何の遜色もなく話せる知識をつけられたのは、本当にセミナーのおかげです。

お金は奪われるかもしれないけれど、能力は誰も奪うことができない。まさにそうで、一生ものの学びができたと心から感じました。

この一棟目だけで、夫婦で受講した88万円は回収しました。

ただただ眠かった契約書の読み合わせ

9月に買付を入れた翌月の10月、初めての不動産売買契約前に「ドラフト」なるものが不動産会社の担当者から送られてきました。

ドラフトとは、契約書のいわゆる草案。最終版を作成する前に当事者同士が確認するために作成される書類です。

テキストには、このドラフトで「重要事項説明書」と「不動産売買契約書」を見ることが大事と書かれているけれど……。全然わかんな〜い。

契約当日、担当者からもらった準備リストを確認し、とにかく忘れ物がないようにと、それだけを思って臨みました。

不動産会社での重要事項説明書の読み合わせは……、眠くなりました(苦笑)。今は、いろいろな知識がついて、書かれていることの意味がわかるようになってきたので、さすがに眠くはなりませんが、当時は何にもわからなくて、ただただ眠かった……。

真剣に不動産投資をやろうと思っている人から見たら、なんとひどいありさまか、と怒られても仕方ないですよね。それくらいダメダメでした。


この一棟目の売買は、仲介業者を挟んでいたため、登場人物は「売主」「売主の仲介業者」「買主の仲介業者(セミナーの担当コンサルタント)」「買主(私)」でした。さまざまな交渉は、全て買主の仲介業者の方がしてくださって、私は正直「お客様」状態でした。

初めて売主さんにお会いしたときに抱いた印象は、やや威圧的。「そんなに銀行の信用のある人なら、ローン特約なんてつけなくていいんじゃないの~」なんて、いろいろ言ってこられました。

ローン特約とは、予定していたローンが不成立になったら契約を解除して不動産売買契約を白紙に戻せるもの。手付金も戻さなければいけないため、先方にとっては、ローン特約はつけないほうがありがたいので、何か一言、言ってやりたいという気持ちだったのかもしれません。私と担当コンサルタントは、ただニコニコしていました（！）。

そして、なんとか無事に契約が終了。

引き渡し時に4室空室で不安いっぱいに

そして、11月の引き渡し。私は勝負服である着物を着ました。雨が降っていたので、水に強い大島紬で。

千葉県の田舎にある銀行まで皆さんに来ていただき、売主さんからいろいろな引き渡しをしていただきました。

「おめでとうございます!!!」

ついに不動産オーナーになりました。しかし私の心は複雑。なぜなら買付を入れたときは満室だったのに、契約時は2室空室、この引き渡し時には4室空室で引き渡されたからです。

なんといっても一棟目。不安になるのは当たり前です。不動産投資と聞いて、ほとんどの方が言われるのが「空室になったらどうするんですか?」「リスクが高くないですか?」という空室に対するリスクです。

複数棟になると、ステージが上がり、全体的に物事が見られるようになるため、それほど空室にこだわらなくなりますが、たった一棟しか持っていないときはキャッシュフローにダイレクトに響くので空室は絶対にこわい。

当時の私も、4室も空いているということで、かなり気持ち的に沈んでいました。

オーナーになってからも、すぐにミスをやらかしました。

売主さんから引き継いだ管理会社から「オーナーが変わりました」という手紙を渡されて、入居者のポストに入れるように、と言われた私は、さっそく翌日、物件に赴き、ポストにお手紙を入れました。ところが、すべて入れ終わって気づきました。すべての手紙に、それぞれの部屋番号とお名前が書かれていたことに……。本当に信じられないことですが、部屋番号もお名前も全く確認せず、でたらめに投函してしまったのです。

どうにかして、ポストからお手紙を抜きとろうとしたけれど、もちろんそんなことは無理。オーナー初仕事は、大失態となりました。

数字に弱いのではなく、使う機会がなかっただけ?

「不動産オーナー育成セミナー」は半年に一度開催されます。一棟目を購入したあとのセミナーでは、なんと私が新たな受講生の方に、自分の経験をシェアする役になりました。半年前まで何も知らなかったこの私が! 本当に驚くべきことでした。

そこで受講生のある男性と話していたとき「智子さんって数字に強いですよね」と言われました。

「いえいえ、私は数字に弱いんですよぉ！」と返すと、「多分、数字に弱いのではなくて、今まで使う機会がなかっただけなんじゃないですかね。もともと数字に強いんだと思いますよ」。

パラダイムシフト、つまり思い込みが大きく変わった瞬間でした。

私は自分自身、数字に弱いと、ずっとずっと思い込んでいました。今も正直、強いとは思えませんが、周りの人からの評価は、なぜか「数字に強い人」。自己評価との違いに面食らうばかりですが、この方に言われたとおり、本当は「数字に弱いのではなく、今まで使う機会がなかっただけ」かもしれません。

今、「私、数字に弱いんですけど、智子さんはもともと数字に強かったんですか？」という質問をいただくたびに、こう答えています。

とはいえ「私、数字が苦手で」という女性は多いもの。

セミナーでは、まず「不動産は100%IQ(数字)です」と教わります。そうはいっても、人が関わるので最終的にはEQ(感情、コミュニケーション)も大切なんですよ、という話になりますが、そうすると、どうしても女性はEQに引っ張られてしまいます。

不動産投資で第一に考えるべきは、あくまでも「どれぐらいもうかるのか」「その数字をクリアできなければなし」とIQで考えるべきなのに、つい「すごく素敵」「住みやすそう」とEQにフォーカスし、むだに時間を費やしてしまうのです。

同じ「なし」でもIQで数字をパッと見れば、「なし」と数秒で判断できるのに、「あっ、素敵」とEQで見ると「どんな物件なんだろう」とわざわざ調べたあげく、やっぱり「なし」となるので、それだけ時間がとられてしまうのです。

どうせ「なし」なら、IQで1秒でも早く判断できた方がいい。EQで考えると、むだな時間を費やすというのは、そういう理由です。

とはいえ私もＩＱは弱く、圧倒的にＥＱの人間でした。しかしセミナーで「普段から数字で物事を考えることでＩＱは鍛えられる」と教わり、それを素直に実行していったことで、少しはＩＱよりの人間になってきた気がします。

たとえば素敵なカフェに行ったとき。

「素敵〜！」「おしゃれ〜！」「かわいい〜！」という感情がＥＱになります。これとは別に、ＩＱで考える練習をしてみるのです。

ここのテーブルと椅子は、すごくおしゃれだけれど、原価はいくらくらいかな。コンクリート打ちっぱなしで、空調も見せている作りだから、そこで経費は浮くかも。この地域で、この広さなら坪単価いくらくらいだろう……。

普段の生活の中で、そういう見方をしていくだけで、ＩＱはトレーニングできるのです。そういう目線で生活するようになると、楽しくて仕方がなくて、今ではそういう見方ばかりしています（笑）。

ただし物件検索のときはＩＱでも、空室になったときはＥＱ全開でやるといいと思います。

たとえば、内覧する人のために、部屋をかわいらしく装飾したり、玄関にウェルカムボードやお菓子を置いておく。

実はウェルカムボードは、私の自宅の玄関にも常に置いてあります。

ウェルカムボードのヒントは、エステから。女性ならわかると思いますが、エステに行くと、よく「大竹様、本日はお越しいただき、ありがとうございます」と書いてあるボードがあります。そこで私も自宅で着付け教室をやっていたときは、その日に見える生徒さんに「○○さん、今日も一緒に頑張りましょうね」とボードを書いていましたし、今は母の訪問介護や訪問美容の人やケアマネジャーさんが見えるときに、その方々の名前とメッセージを書いています。

管理会社や保険会社の人が見えるときも、必ず「○○さんへ、本日は遠い中ご足労いただきありがとうございます」と書いておきます。そうすると特に男性には「こんなことされたことない」と喜ばれて、写真を撮っていかれる方も多いですね。

それだけで愛と感謝が伝わりますよね。

コミュニケーション能力をフル発揮！

一棟目を購入して半年、二棟目購入に向けて動き始めました。
一棟目は、築11年で、修繕費用もそれなりにかかっていました。浴室乾燥機が壊れたときは、けっこうな金額が出ていき、やはり修繕にお金がかかるのはいやだなという思いがあったので、二棟目は新築を探していました。

不動産投資は調べれば調べるほど、いろいろな情報が出てきます。

「不動産投資は新築木造3階建てがいい」
「不動産投資は新築木造をやらないほうがいい」
「そもそも不動産投資はやってはいけない」……

私は勉強のために不動産会社に話を聞きに行きました。そして、いろいろな物件を内覧するうちに、千葉県内に気になる重量鉄骨の新築物件を見つけました。今回は担当コンサルタントに仲介に入ってもらえない案件だったため、私一人で不動産会社の人と話すことになりました。

担当のSさんは、物静かな方で、ベラベラ営業するタイプではない男性。これでは、ただ単に物件を見て終わってしまう……。

「Sさんはこの業界長いんですか?」
「もともとは都内の収益不動産をやっていたんです」
「そうなんですね! 都内の収益不動産って今どういう状況なんですか? 私もいずれは都内で不動産持ちたいんですよね」

私はSさんの語りやすい領域について、どんどん質問を投げかけて「へ〜!」

「ほ〜！」と楽しくお話をしました。

そして別れ際。

「今日はSさんにお会いできて本当によかったです。Sさんのお話が聞けただけで、今日来た甲斐がありました！　本当にありがとうございます！」

心からの感謝の言葉を伝えて、Sさんと別れました。

実はセミナーで学んだことで、私が大切にしていることの一つに「コミュニケーション」があります。

不動産投資には、売主、不動産会社、管理会社、銀行、保険会社……多くの人が関わりますから、コミュニケーションは不可欠です。

私の基本的なコミュニケーションは、こちらは質問するだけで、相手に話してもらうスタイルです。そして「愛と感謝」を伝えること。

そもそも不動産投資は、愛と感謝で行えば、すべてがうまくいきます。

たとえば今回のように物件を探すときも、不動産会社の人に対して、自分は勉強している、何でもわかっているという態度ではなく、わかっていても「なるほど、そうなんですね。今日は○○さんのお話が聞けて、本当に勉強になりました」と言う。そう言われたほうが相手は、絶対に気持ちいいですよね。そうしたら、この人に買ってもらいたいってなるんです。

また銀行に対しても、相手にわかりやすい事業計画をしっかりつくる。相手のメリットになることを意識的に行うということです。

さらに不動産オーナーは管理会社に対して「連絡が遅い」「空室を埋めてくれない」と何かと文句を言いがち。でも、そういう考え方をしているから、空室も埋まらないいんです。

いつも管理会社の方には「ありがとうございます」。「空室が埋まりました」という報告を受けたら、「ありがとうございます。○○さんのおかげです」と、愛と感謝を伝え続けると管理会社の方は本当に喜んでくださいます。それぐらい愛と感謝を伝えるオーナーがいないのです。

ですから、この愛と感謝を実践すれば、必ず応援される人になります。

そして「明るさ」も大事。たとえば不動産会社に問い合わせをするときに「これはダメですか」「あれはできないんですか」とネガティブな言葉で不安ベースで聞くのはダメ。本当にこの人、買いたいのかなと面倒くさい客と思われてしまうでしょう。

でも「これはいいですよね」「こんなことはできますか」とポジティブな言葉でワクワクベースで聞くと、相手はこの人に買ってもらいたい、この人を応援したい、と思うはず。そうなると、今回の物件がダメでも、次にいい物件が現れたときに、まずこの人に連絡しようと思いますから。

態度や言葉遣いはもちろん、表情、声色、相槌の打ち方まで気を配るようにしましょう。

いずれも関わる人すべてが「ALL　WIN」になるようにしようという気持ちがあれば、自然に愛と感謝、明るさは出てくると思います。

そんなコミュニケーションの成果もあってか、2週間ほどしてからSさんから電話がかかってきました。

「買付はいかがなさいますか? 実は、買付が入りそうなんです。私としては、ぜひ大竹さんに、という思いがあったので、お電話しました」


実は、私はこの物件の買付を入れようかどうか、すごく迷っていました。ネックになっていたのは金額でした。もう少し安ければ、ありなんだけどな……。

ただ、売主さんも売れたら売れたでいいし、売れなくても持っておけばいいので焦っていないというところがあり、積極的な営業が見られない感じでした。それなのにSさんが、わざわざお電話をくださったのです。

ご縁を感じた私は結局、この物件に買付を入れ、融資も進めることにしました。契約のときにはSさんから「本当に、あと一歩遅かったらという状況で。私も大竹さんに買ってもらいたくて、先方に曖昧な返事をしていたので、本当によかったです」と言ってもらいました。


そこから、売主さんや銀行さんとのやり取りもいろいろやっていただき、コミュニケーションの大切さをひしと感じました。そう、これがまさに**「最終的にはEQ」**という部分なのです。

そして、一棟目のときは私と直接話してくれなかった銀行さんも、二棟目のときは私と話すようになり、徐々に夫を介さなくてもいい状態になり、理想の形になっていきました。

初めて管理会社を選任する

不動産を持つと、その物件にまつわる諸々の管理が発生しますが、その管理はオーナーが自ら行うか、管理会社に依頼するか、どちらかを選ぶことができます。オーナーが自主管理しているのが、昔ながらの「大家さん」のイメージだと思いますが、わが家の場合、そこまで手が回らないので一棟目から管理会社にお願いすることに決めていました。

ただ一棟目は、管理会社をそのまま引き継ぎましたが、今回は新築なので自分で管理会社を探さなければいけません。

地元密着型の管理会社、大手の管理会社、若手の多い元気な管理会社……、いろいろなタイプがあり、それぞれによさがありましたが、選びあぐねていたところに、Sさんがある管理会社さんをすすめてくださって、そこに決めました。

決めた理由としては、こちらの希望の管理手数料に即答で「やります」と言ってくださったこと、そしてSさんが大オススメしてくださったことが大きいです。

これ以降、この管理会社の担当の方と仲良くなり、いろいろな話をするようになりました。管理会社の方々は、たくさんのオーナーとのつき合いがありますが、私のことを「他のオーナーさんと全然違う」と言ってくださいます。客付けに対する姿勢、管理会社さんへの言葉掛け、前向きさ、考え方。全部学習から得たものでした。私たちなりに空室対策をしていたことが、管理会社の方の目には物件への愛情と映ったことも大きいようでした。

たとえば空室にウェルカムボードを置いたり、入居者にプレゼントキャンペーンをしたり。また私と夫でホームステージング（部屋をモデルルームのように演出すること）を行ったこともあります。このときは4カ月埋まらなかった部屋に翌日、申込が入り、管理会社の方は平謝り。

「今回、埋まったのは大竹さんのおかげです。本当に申し訳ありません。ありがとうございます。次回からは、弊社でもホームステージングに力を入れていきます」

私たちは空室を埋めるためにやっただけのことで、そこを物件への愛情といわれると非常にこそばゆいですが、管理会社の方にはそう見えたのかもしれません。

二棟目の引き渡しのときは、一棟目のときにものすごく時間がかかった経験を踏まえ、お茶やお茶菓子を大量に用意して、銀行に向かいました（今思うと、恥ずかしい）。

しかし、このときは、お茶も出て、時間もそんなにかからずに終わりました。持って行ったお茶菓子は、持参した小分け袋に詰めて、皆さんにお渡ししました。

こういったところが、自分でも「主婦」だなと思います。

三棟目は都内の木造新築物件

不動産なんて自分の人生に関わることはないと思っていたという状況から1年。私たち夫婦は、二棟の不動産オーナーになっていました。

とはいえ、私のセルフイメージは「ただの主婦」でした。不動産投資は、あくまでも夫の信用でできているだけであって、私自身は何者でもない。ビジネスでも稼げていない罪悪感から、ひどく自己評価が低かったのです。

でも周りからは、ある程度やり手な女性に見えていたようで、それを不思議に思っていました。このズレがはっきりとわかったのは、この1年半後のこと。四棟目を手に入れたあとでした。

二棟目を購入した2019年の夏の終わりに、千葉県南部を強風台風が襲いました。わが家も瓦が落ちたり、4日間の停電になったりと、私は人生で初めて「被災者」になりました。

でも、この経験は**「居住者の方に安心安全な住環境を提供している」**といった、不動産オーナーとして社会の役に立っているという自覚と誇りをもたらしました。そう、不動産は「衣食住」の「住」、生きていく上で最低限必要な部分を担うもの。だからこそ強いし、お金だけではない。人への貢献にもつながっているのです。

さて三棟目にいくにあたり、今回は小ぶりで手が届きそうな物件にしようと、今までとは違う物件を探し始めました。

2020年1月2日、お正月休みに夫と一緒に、候補にしていた3物件を見に行きました。その中から三棟目に選んだのは、利回りを重視した東京都内の木造新築物件。初めての都内とあって、担当コンサルタントの方に仲介に入ってもらいました。

それとは別に、千葉県内に初めてのランドセット物件（土地を購入して新築を建てるが、建築条件や管理条件がセットになっているもの）も進めていました。四棟目です。こちらは売主と直接契約する売主物件で、仲介手数料もありません。

その売主さんが建てた他の物件も見に行きました。デザインも工夫されていて、入居する方の目線に立っても使い勝手のよい部屋でした。また価格も手頃で、利回りもよかった。

ただ管理条件つき物件だったため、管理会社が選べず管理手数料が高い。そこだけがネックでしたが、目をつぶって進めることにしました。

社長の奥さんから、ついに社長に!

2020年2月、三棟目の新築木造と四棟目の土地からの新築木造は、同時進行していましたが、銀行の担当の方から思いがけない提案をされました。

「今回の代表は奥様でどうですか?」

一棟目から「一棟一法人」で進めていた私たちは、一棟購入するごとに法人を設立していました。一棟目、二棟目の法人の代表は夫、しかし三棟目でついに私を代表に、と打診されたのです！

これって、すごくないですか？

不動産の勉強を始めて1年半。銀行から融資を受けるなんて夢にも思わなかった私が、会社の代表になるまでになったのです。社長の奥さんから社長に！

これまでは何かと社長の自署が必要なところが多く、夫を煩わせていましたが、これで私が全部できる！　とますますモチベーションが上がりました。

しかし、このとき夫の会社は大変な状況。融資に当たり銀行からは、さまざまな提出書類を求められました。

2020年2月といえば……。そう、新型コロナウィルス感染症で世界中がパニックに襲われ始めた頃です。

日本では、横浜港にダイヤモンド・プリンセス号が停泊している最中でした。

そんななか、わが家はハワイに向かっていました。高校2年生の娘はフィンランドに留学中だったので、夫と息子と3人で。

夫は仕事がとにかく忙しく、旅行というのをほとんどしたことがありませんでした。実は夫にとって、このときが人生初めてのハワイ。そして初めての海外家族旅行でした。夫が所属していた経営者クラブの合宿に、私と息子も同行したのです。

そこで夫は、ハワイの高級不動産巡りに参加し、これまた初めて上質な空間というものに触れて「願望に入るね」なんて言っていました。

心からほしいかどうかは別にして、それを知らなければ願望にも入りません。それを知ることができたということだけでも、夫にとって大きな価値のあったハワイ合宿でした。

この経験を通して、夫は生活のステータスに対する考え方が変わったように思います。ちょっといいところに意識が向くようになりました。

私も夫も本来「貧乏性」なので「安いもの」にいきがちでした。

私が一時期所属していた起業塾の代表大東めぐみさんが、よく言われていた言葉の一つに、**「夢は知識」**というものがありました。知識がなければ夢を見ることができない。だから「知る」って大事だよねということですが、まさに仕事しかしていない夫は、「知らない」ことがとても多い人でした。ハワイに行ったことがないからハワイの良さも「知らない」。高級不動産を知らないから「素敵な空間」も知らない。**夢を描けないのは「知らない」から**です。

そんな男性、少なくないのではないでしょうか?

ちなみに不動産視察は夫しか参加できなかったので、私と息子はレンタカーを借りてオアフ島を一周したり、息子は映画館で映画を見たり、私はハワイの大地の「気」をいっぱい取り込みたくて、大木の下で読書をしたりして過ごしました。

銀行が開いているときに借りておく

ハワイから日本に戻り、なんとか三棟目の融資も通り、物件は建築中でしたが契約となりました。

ただ銀行からは、何度も「ペースが早すぎる」と釘を刺されました。というのも、銀行としては「少なくとも1年はあけてください」というのがセオリーですから。私たちは、そういった銀行のマニュアルを無視して、次々と買い進めてしまったので、おそらく行員さんは大変だったと思います。

しかし私たちが、銀行から釘を刺されてもペースを緩めなかったのは、銀行が融資してくれるうちにしてもらわないと、そのうち融資してもらえなくなってしまうからです。

銀行というのは、市況によって開くとき（＝融資してくれるとき）と閉まるとき（＝融資してくれないとき）があります。つまり、いつ閉まるかわからないので、開いているときに借りておきたい。夫も「これから景気が悪くなるから、借りられるのは、今のうちなんだよね」と、よく言っていますから、そのあたりはさすが経営者だなと思っています。

しかも私は、こういったことに対するマインドが意外に強い（笑）。銀行に釘を刺されて立ち止まっている人が多いなか、私はいやいや、そんなに気にせず進めばいいじゃん、という感じになるんですよね。

三棟目の話に戻しましょう。三棟目の管理会社は、二棟目と同じ会社にお願いすることにしました。完成は3月の見込み。3月は一年で最も部屋探しをする人の多い繁忙期のため、これを逃すと入居者確保が難しくなります。とはいえ引き渡し前に募集をかけるわけにもいかず、管理会社には、引き渡しと同時に募集に動いてもらいました。

しかし折しもコロナのパンデミック。そんななかでの募集でしたが、運よくすぐに満室になりました。

入居者の中には、新大学1年生もいました。うちの息子と同じ歳。この年齢の人たちは、高校の卒業式も教室で校内放送。大学の入学式はなく、授業は慣れないオンライン授業。友だちにも会えないし、サークルにも入れない。

この入居者の方の名前は、今でも覚えています。オンライン授業ばかりで大丈夫だろうか、実家にいて親が家賃を払い続けているのだろうか……。

人が住んでいて、ドラマがあるのが不動産賃貸業です。賃貸契約の書類を見て、どうか学校生活が充実しますように、と祈るような気持ちでした。

素敵な未来を見せてくれた四棟目

一棟目はオーナーチェンジ、二棟目、三棟目は新築ときて、いよいよ四棟目は初の土地からの新築です。

今思えば「土地からの新築」に必要な知識が皆無だったため、理解しないまま進んでいるところも多く、それゆえ不安が大きかった。理解していない、わからないことは、とかく「不安」や「恐怖」を生みます。ですから、不動産会社の人にひたすら質問したり、自分なりに調べたり。それでどうにか不安や恐怖を払しょくしました。

また土地からの売主物件のため、建築の前に土地部分の融資を先行して受ける

「土地先行型融資」も初めての経験で戸惑うことばかり。しかも、取引する銀行も初めて。1カ月ごとに3人も担当の方が変わったのには驚きました。

とにかく言ったことが伝わっていなかったり、やっていると思ったことがされていなかったり、互いに意思疎通をとるだけでも大変でした。

コロナ禍で上棟式が行われました。初めての上棟式では、大工の棟梁と一緒に塩やお酒をまきました。あとにも先にも、このような昔ながらの上棟式をやったのはこのときだけでしたが、貴重な体験をさせていただきました。

その4カ月後に四棟目が竣工。

入居者の募集をかけてからは、管理会社の管理手数料の高さと、こちらのコントロールの効かなさがネックにはなりましたが、順調に満室になり、その後退去者が出ても、すぐに埋まる稼働力の高い物件となりました。

この物件の駅は、主要駅の隣の駅。その主要駅が竣工後しばらくして快速が停まる駅となり、購入を決めたときより、格段に利便性がよくなっていました。

不動産の魅力の一つに「その土地のちょっと先の未来を見る」ことがありますが、まさにこの四棟目は素敵な未来を見せてくれました。美しく育った物件は、その後、お嫁にいくことになります。

無理! 私にはそんなリスクはとれません

ここまで順調に進んできた不動産投資でしたが、五棟目で初めて苦境に陥りました。

これまでの学びから、効率よく利幅をとるには「土地から新築RCをデベロッパーとして建てる」という「開発型不動産投資」に行きついていた私は、今回初めて土地から新築RCを建てることに挑戦したのです。

そして、いつものように銀行に融資を申し込みました。

不動産というのは「私が買います！」と言った順に、1番手、2番手、3番手と並びますが、融資がついたもの勝ち。つまり1番手でも、3番手の人に先に融資がついたら、3番手の人が買えるのです。それが不動産のルールです。

このときの私は、順調に進んでいて1番手でした。でも、あと3人いて、私も含めて4人いる状態でした。ですから私は1番手にいながら、他のライバルたちの動向を気にしながら、銀行と手続きを進めていました。おそらく他の3人も同じように動いていたと思います。

そんななか「大竹さん、融資通ります！」という連絡を銀行の担当者からもらいました。「ヤッター!!」と思っていたら、ほぼ同じタイミングで2番手の人も融資が通ったということを不動産会社の人から聞かされました。

融資が通った連絡は私のほうが先でしたが、本審査は通っていませんでした。99・9％は大丈夫だけど、絶対ではない。一方、2番手の人は本審査も通った状態でした。

実は、銀行が99・9％大丈夫と言っていても、最後の最後にハシゴをはずされるのは、よくあること。これまで他の人の事例で何件も見てきたので、これが100％でないことはよくわかっていました。

ですから99・9％大丈夫だけど……もしダメになったら、こちらが7000万円被らなければいけないということになったのです。

不動産会社の人から「どうしますか？」と言われて、悩んで、悩んで、でも即決を迫られていて、夫に相談することもできない。

やっぱり7000万円は無理!! 私は「それを被ることができません」と告げました。「では2番手の人にいきますけれど、いいですね」「はい、わかりました」。泣く泣く引き下がりました。

そのあと夫に経緯を説明して「あなただったら、どうする？」と聞くと、「やるね」と即答。それを聞いた私は、さらに落ち込みました。

私は悩んで悩んで「できない」という決断だったけれど、夫は即決で「できる」。これが経営者である夫と、経営者になれない私の違いだと現在地を突き付けられた気がしました。

経営者の仕事は「決断すること」と言われるほど、きっぱり決めることが大事なのに、そこで私は「え〜、どうしよう」とグズグズ悩んで、決められない。経営者ってすごいな。私も経営者を目指していたけれど、まだまだだ。自分の経営者としての器の小ささを、まざまざと思い知らされた出来事でした。

その夜は自分に対する歯がゆさで、ずいぶん落ち込みました。でも一晩寝たら、「よし、次！」とスイッチが切り替わりました。

その日は朝から、すごい勢いと集中力で物件検索をし始めました。自分の物件も探すけれど、いい物件があったら、あの人にいいかも、この人に合うかも、と不動産仲間にもＬＩＮＥでどんどん送りました。

周りからしたら、なんかやたら物件が飛んでくるけれど、どうしたんだろうっていう感じだったでしょうね。

調べているうちに、目についたのが「新高円寺」の「土地から新築ＲＣ（建築条件付き物件）」。そこから、すぐにメール→概要をもらう→銀行に投げる→夕方に不動産会社の担当者さんと電話→銀行につなげる。

その後すぐに不動産会社に行き、不動産について意見交換をし、他の物件も視野に入れながら、土地を見に行きました。銀行の感触もよく、この物件に決めました。

不動産会社に連絡したのが8月17日、融資の本審査が通ったのが9月5日。この間のやり取りは、すべて不動産会社と銀行でしていただき、あっという間に決まったのが、この五棟目でした。

このときのスピード感は、我ながらすごかった(笑)。

失敗の悔しさがバネになっていたとはいえ、このとき16人が検討していた物件をゴボウ抜きでゲットできたのは……

・ものすごい集中力で物件検索をしていた

・不動産会社への連絡から銀行につなぐまでのスピード感
・不動産会社と不動産の未来について語り合い「この人に買ってもらいたい」と思ってもらうことができた
・大竹に融資を付けたい銀行と、大竹に買ってもらいたい不動産会社とで御輿を担いでもらっている状態になった

結局、不動産会社と銀行に応援していただいたことが大きかったように思います。不動産投資が他の投資と一番違うところは、まさにここ。いかに**「応援される人になるか」**ということの重要性を改めて感じました。

出合いからつながった不動産M&A

2021年11月、四棟目を購入したところで、一棟目を売却に出しました。初めての売却です。

なぜ売却に出したのかと聞かれると、正直明快な答えがないというのが正直な

ところでした。

「不動産投資」を行う上で、「安定」の部分を担うのがインカムゲインという家賃収入だとしたら、「人生のラインを変えていく」というのが売却であり、売却して初めてその物件が「投資」としてどうだったのかという「結果」=キャピタルゲインを得る。

そんな観点からも、一度売却をして現金を増やし、次の物件にいきたいと思ったから、でした。

それとは別に、2020年3月、ある経営者セミナーで「M&A」という言葉を初めて聞きました。当時の私はM&Aなど聞いたこともなく、「M&M's(チョコレート菓子)なら知ってるけど」くらいな感覚でした。全く知らない言葉でしたが、不動産をやっていたからか、その仕組みはスッと理解できて、なぜか「M&Aをやってみたい」と思い始めました。

それからは、小規模M&Aのサイトを興味本位でちょこちょこのぞくように。

いろいろな事業が売却されているのを見ては「不動産もM&Aできるのでは?」という考えが頭をよぎりました。でも3年後、まさかそれが現実になるなんて!

2022年12月、知人の紹介で大阪の銀行を紹介していただき、すぐに担当の方と会い、「不動産M&A」をお願いすることができたのです。

そこで一棟目の売却は取り下げて、三棟目の東京の物件を売却することにしました。

実質2023年1月から始まった不動産M&Aは、あっという間に成就しました。物件売却ではなく事業売却、つまり会社ごと売却しました。

売却先は、大阪の事業法人。売上がけっこう上がっていて、利益と相殺できる手ごろな物件を探していらっしゃいました。そんな先方の希望にぴったりだったのが、この三棟目だったのです。

さらに6月には、不動産仲間に四棟目を売却しました。四棟目は値段が手ごろだったため「値段的にこれぐらいだと、すごくありがたい」と言われて、じゃあ、ということで。

同じ志を持つ仲間にリレーションできたことは、すごくうれしいことでした。

現在は一棟目、二棟目、五棟目が稼働中で、六棟目、七棟目を土地から建てているところです。

不動産投資を後押しした二つのラッキー

疾風怒濤の5年間。途中で失敗もありながら、それでも一気に進めることができたのは、二つのラッキーが重なっていたことにあります。

一つは、父の死によって私にまとまった遺産が入ってきたこと。このお金を不動産投資の元手に回すことができたのは助かりました。

ただ、こういった遺産を「生き金」にするか「死に金」にするかによって、その後の人生は大きく変わりますが、私の場合、そのタイミングで不動産投資が目の前にあらわれたのは、そちらの道に進むように導かれていたとしか言いようがありませんでした。

一棟目、二棟目は父の遺産で、三棟目からは、それまでの不動産収入でまかなえるようになったので、わが家はあまり手出しをせずにすんだのです。

もう一つのラッキーは、夫が経営者だったことです。夫と夫の会社に信用がなければ、銀行の融資を受けられなかったからです。

そもそも会社というのは、融資を受けるのが当たり前で、夫の会社も性質上、億のお金が動くことはふつうでした。

「融資を受けること＝借金すること」

「大金が動くこと＝お金がなくなること」

この図式に対する恐怖がそれほどなかったのは、夫の存在があったからこそ。

そういったことに慣れている人がいるということは、圧倒的に心強かったですね。

とにかく不動産投資は楽しい!

それ以上に私が一気にいけたのは、電話帳のような大きなテキスト2冊を学んで「この通りにやれば、一棟マンションが買えるんだ!」と単純素直に思って実践したこと。

セミナーで、いくらいいことを教わっても、ただふんふんとノートをとるだけでは意味がありません。学んだら即実践、学んだら即実践、とやっていけたことで、スピード感をもって進められたのです。

これはビジネスでも大事なことだと思います。

とはいえ先述した通り、私はファイナンシャルリテラシーゼロの主婦。本当に何も知らない。何か知らないことを言われると不安になって「どうしよう、どうしよう……」となってしまいます。

でも不動産投資については、なぜか「本当にできるのかな」という不安や疑念が一切ありませんでした。最初からやれると根拠のない自信があったのは、よかったのかもしれません。

そして何といっても「楽しかった！」。物件検索も楽しいし、物件調査も楽しいし、不動産会社の人と話すのも楽しかった。学ぶことも経験することも、すべてが純粋に楽しかったからこそ、私はやる気になれました。

不動産投資は、あくまでも幸せになるための「手段」です。小さい頃からお金の不安にさいなまれていた私にとって、不動産収入によって、お金のことを考えなくていい生活を得られることは、本当に幸せなこと。そこに向かいたくて始めて、確実にそこに向かっていることがわかっているから、なおさら楽しかったのです。

そして**ビジネスに比べると、不動産のなんと楽なことか!!**

私のビジネスモデルの場合、毎月1日に売上ゼロからスタートして、新規の人たちに入ってもらってなんとか1カ月やって、月末に今月の売上がやっと100万円いったと思ったら、また翌月1日はゼロからのスタート。つまり毎月新規のお客様を獲得しなければ、売上が立たない状況でした。

それに対して不動産は、毎月の家賃が自動的に入ってきますから、本当に楽です。よく空室がこわいといわれますが、たとえ12室のうち2室空室でも、残りの10室分は入ってくるのです。その2室も永遠に埋まらないわけではないので、私はそうリスクとも思いません。

そう考えると、不動産ほど楽な事業はありません!

また銀行の融資で行うので、手出しのリスクもありません。

着付け学院の講師をしていたときは着物のローンに追われて、どうしよう、どうしよう、と常に不安でしたが、今は不動産のローンがあってもお金の出所が違うので、全く不安になりません。

具体的に説明しましょう。着物は、ただ買うだけ。消費、浪費するだけですから、お金がどんどんなくなっていきます。

一方、不動産は金融機関から融資を受けて、物件を借りている人に返してもらってお金を回していくので、自分でお金を出しているわけではありません。これが大きく違うところです。

そもそも出費は「消費」「浪費」「投資」に分けられます。消費は生活のために必要なお金、浪費は無駄遣い、投資は使ったお金以上の価値が得られるお金です。不動産はもちろん投資ですが、着付け学院で着物を買っていたのも、実は浪費ではなく、生徒に買ってもらうための投資でした。

でも当時は、そんな考えも知らなかったので、ただただ不安だったわけです。その頃、お金の知識を身につけて、お金がどう回っているのか、その構造を理解できていたら、それほど不安にならず、もっと建設的な考え方ができていただろうなと思います。

もしも過去に戻れるなら、まず法人をつくり、学校には業務委託契約にしてもらいます。八掛代(着物の裾周りの裏地部分。毎日着物を着ている講師はあっという間に八掛がダメになってしまうのです)も経費、生徒さんとのお出掛け代も経費、着物を買うのも経費、お手入れ代もすべて経費になりますから。

しかし当時はそんな知識もリテラシーもないので、ただのカモ。ひどい状態でしたね。

第4章

不動産投資を始めたら人生が変わった!

不動産投資でビジネスが好転

２０１７年に起業塾でビジネスを学び始め、さらに２０１８年から不動産投資を行うことで、経済は軌道に乗ってきましたが、その頃、私の中ではどうしても抜けない棘のようなものがありました。

それは**「稼いでいない罪悪感」**。

着付け学院を辞めて、いざ独立しても、どうやって生徒を集めたらいいのかわからないし、着物の仕事をしたいなとちょこちょこやるけれど、全く稼げない。不動産投資で傍から見たら成功しているように見えていたのかもしれませんが、ビジネスのほうでは「稼げない罪悪感」に苦しんでいました。別に夫から「お前は全然稼げていない」なんて言われていない。夫は何も言っていないのに、勝手に自分で悩んでいました。

この罪悪感は、いったいどこから来るのか。自分の内面を深掘りしていくと、子どもの頃に言われていた「この金食い虫が！」という父の言葉にたどりつきました。

金食い虫→自分はお金がかかる悪い子だ→お金を使うことは悪

こういったお金のパラダイム（思い込み）が、稼いでいない罪悪感に結びついていることに気づいたのです。

でも振り返ってみると、ピアノは買ってもらったけれど、おもちゃや洋服をねだることもなく、塾もこれといって行かず、予備校にも行かずず大学に現役合格していて……書き出したら、

めっちゃコスパのいい子じゃん！
全然金食い虫なんかじゃなかった！

不動産でお金も生み出せている！

この気づきからようやく、ビジネスにもよい兆候が見えるようになりました。

ようやく生み出したハイプライス商品

私は、ロバート・キヨサキ氏の4領域（68ページ）を知ってから、「I（investor＝投資家）」や「B（business owner＝ビジネスオーナー）」を目指していました。

もともと着付け学院で働いていた私は「E（employee＝従業員）」でしたが、フリーになって「S（self-employed＝自営業者）」になりました。

ちょっとわかりづらいので、「着付けの仕事」で解説すると、

【労働収入＝時間と能力を提供して労働の対価をもらう】

Eクワドラント→着付け学院に雇われて働いている着付けの先生

Sクワドラント↓自宅で着付け教室をしている着付けの先生、個人的に着付けの依頼を受ける着付け師となります。

しかし同じ「S」でも、稼げる「S」と稼げない「S」の両極端に分かれるなかで、私は明らかに稼げない「S」でした。でも稼げる「S」になったところで、結局は時間を切り売りするだけです。収入を増やそうとするほど、時間に追われるのは目に見えていました。

実は起業塾に入った2017年の暮れに父が他界。そして父の亡くなった翌日に、母が圧迫骨折し、母の介護も始まりました。

しかし自宅で介護をしながら、着付け教室を行うことは私にとってストレスのたまることでした。というのは自宅は、廊下にトイレがあるため、母がしょっちゅうトイレに行くからです。

ある日の朝、母がトイレで粗相をし、その後始末に午前中いっぱい追われました。午後から生徒さんが来るのに、どうしても気になる臭いに敏感になった私は、

いう安心感を。

自宅で教室をすることに限界を感じました。
そんなときに、労働収入ではない、権利収入である不動産の「I」が走り出したのです。想像してください。何もしなくても毎月ポケットに入る収入があるという安心感を。

「S」としての着付けの先生や着付け師の仕事ではなく、「B」に繋がる事業をしたい。いくつか起業塾や起業セミナー、スタートアップセミナー、事業構築セミナーなどに行きましたが、こぞってハイプライス商品をつくりましょうと教えられます。
人の役に立って、ALL WINになるハイプライス商品。どうすればそんなものがつくれるのか、ぐるぐる……。
ですから「着物セラピー®」を生み出したときは、ようやくハイプライス商品を生み出せたという気持ちでした。

着物セラピーとは、何らかの障がいのある方のご自宅（や指定された場所）に、着付け師とヘアメイク、カメラマンで伺い、お支度をして思い出の写真を撮るという事業です。

この事業を思いついたきっかけは、成人式の着付けの前撮りを手伝うアルバイトをしていたとき。成人式の前撮りというのは、20歳の子たちが、カメラマンに言われるがままに、ただポーズをとらされて、次はAスタ、次はBスタ、とスタジオをどんどん移動していきながら撮るもの。まるでベルトコンベアーに乗せられているかのように撮影されます。

そんななか、いわゆる障がいがあるかもしれないと思われる方を数人お見受けしました。うまくカメラマンの要望に応えられず、無理にとらされたポーズは不自然そのもので、ベルトコンベアーの撮影でないほうがいいだろうなと思いながら見ていました。

ちょうどその頃、知的障がいのお嬢さんを持つお母さんが、成人式の振袖写真をあきらめているという話を聞きました。それを聞いて私は、お力になれるかもしれないと思ったんです。

個人のお宅におじゃまし、その子のためだけに着付けとヘアメイクをして、写真を撮る、ポーズもなるべくとらず、あくまでも自然なご家族の写真を撮る、ということを思いついたのです。

着付けでお金を稼ぐことは、本当に難しいのです。着付け学院は、着物販売という収入源がありますが、個人の先生はそれをすることはできません。できなくはないかもしれませんが、したくないという方がほとんどです。普通にレッスンと着付けだけでは「ハイプライス」にはならない。だからこそハイプライス商品がつくれなかった。

でも、この着物セラピーなら、振袖をあきらめていた人に着てもらえる。しかも家に行って、その人に合った苦しくない着付けができる。通常、成人式にかかる費用は30〜50万円ですから、ハイプライスでいける。

お客様の問題解決にもなり、自宅に行ってカメラマンや着付け師などの技術を提供して、みんなが「ＡＬＬ　ＷＩＮ」になれるものをようやくつくることができた。これが着物セラピーです。

実際に利用してくださった方々からは「振袖を着られるとは思わなかった」「あきらめていたけれど、着せられてよかった」といった喜びの声をいただきました。特にお母さんたちのうれしそうな表情を見ると、それがすべてを物語っているようでした。

しかし、ようやくハイプライス商品を思いついたものの、ここでまた営業ができないという問題が……。着物セラピーを利用していただくには、お客様自身が検索してホームページにたどりついて、問い合わせるしかない。そうなると年に数件しか注文がなく、いわゆるビジネスとしては成り立たない。ほとんど貢献になってしまうのです。

着物セラピーを立ち上げて2年、なんとか事業化するために頑張っていたところ、ある経営塾のコンサルタントの方から「着物セラピーを事業化するのは正直難しい」と、はっきり言われてしまいました。

というのも、まず着物というところで対象が狭い。そして障がい者というところでも狭い。女性というところでも狭い。このニッチな分野で、そこまで稼げるようになるのは難しいですよ、と。

「着物セラピー®」をなんとかしようと、必死で頑張ってきたのに、どうしよう。いったん白紙に戻し、また一からビジネスを考えることになりました。

ビジネスの立ち上げに時間と労力を使う

自分のやれること、やれないこと、市場のニーズにマッチして、利益になるもの。しかも自分がいちばん時間をかけたことをビジネスにするというセオリーに則ると、私には着物しかない。

2020年3月、世の中は新型コロナウィルス感染症によるパンデミックが起こっていました。

そこで思い付いたのが「動画×オンライン着付け教室」でした。今までも、オンラインで着付けを教えていましたが、これを動画コンテンツにし、オンラインレッスンとして配信しようと考えたのです。

動画など撮ったこともなかった状態から2週間で17本の動画を撮り、パスワード付のホームページを作り、広告を出しました。動画を撮りつつ、編集しつつ、ホームページ作成しつつ広告を出すというのは、ステイホームだったからこそ集中してできたのです。

着付け教室に行けなくなり困っていた人たちを救えると思って始めた、このプロダクトはいける感じがしました。

しかし、やりながらこれだと「S」になると気づき結局、自然消滅させました。今なら、そこからどう仕組み化していけばよかったかわかります。どちらにしてもステイホーム時期だったからこそのプロダクトではあったと思うので、後悔はしていません。

2020年3月同時期、不動産を四棟目まで買い進んでいたところで、私の関心事は完全に「ビジネス」に移行していました。

不動産で会社は立ち上げていましたが、着付け関連の事業会社としても、「Smile for all合同会社」を立ち上げました。早くいえば不動産はサボっていました。ただ、ここが**不動産投資の魅力でもあるのです。**

不動産投資というのは「時間」が味方になってくれます。銀行融資を受けることが大前提の不動産投資の場合は、「決算書」が重要なファクターになってきます。その「決算書」に必要なのは「時間」です。

私がビジネスに入り込んでいて、不動産をお休みしていた期間というのは、「決算書作り」の時間だったといってもいいでしょう。

結果論ではありますが、2020年から2022年までこれといって動かなかった不動産事業は着々と「決算書作り」をしていったことになります。

教えるのは稼ぎ方ではなく働き方

仕組み化できて（Sではない働き方）、皆さんの問題解決になって、利益も生み出す事業をつくる。

このときの私が強烈にやりたかったのは、**「人生を変える」**ということでした。

なぜ、そう思ったのか。それは不動産投資の影響でした。このときの私は、不動産投資を始めて、明らかに人生が変わり始めていました。

ならばビジネスも「人生を変える」ことを核にして、そこから自分の得意な着物につなげていこう。そのためにはカスタマーファーストではなく、カスタマーサクセスの事業をつくる。そんなときにひらめいたのが「出張着付け」という働き方を教えるという案でした。

当時、世の中では、飲食店が軒並み休業や時短営業しており、パートで働いていた主婦の方も時短勤務や職を失うことが相次いでいました。また、写真館なども三密を避けるために人数制限があり、七五三などで着物を着たい人たちが、出張着付けに流れてきていました。

「着付けは稼げない」というパラダイムが根強かった私の思い込みをはずしてくれたのは、まさにこの世の中の状況でした。

月5万円でも収入になったらうれしいと思う人は、世の中にたくさんいる、ということに気づいたのでした。

2021年6月、「All Smile出張着付け講座」をリリースしました。着付け師のためのビジネス講座を展開する事業です。

着付け師というのは、着物を着付けする専門家。昔は、たいていの美容師が着付けができたので、冠婚葬祭で着物を着るときは、美容師に頼むのが一般的でした。

しかし今は、美容師で着付けのできる人は、ほとんどいなくなりました。では、どうやって探せばいいのかというと、ネットで検索する時代になったのです。

しかし、その時代についていっていない着付け師が多いこと、着付けの技術はあるけれど、どうやって仕事にしたらいいのかわからない人が多いこと、そこを解決するための講座をつくったのでした。

All Smileは、そういった着付けの仕事をしたい人を対象に、お金を稼ぐマインドから仕事の獲得の仕方まで、いわゆる「ビジネス」について教えています。

先に「人生を変える」ことを核にしていることをお伝えしましたが、ＡｌｌＳｍｉｌｅの理念は「働き方を変えたら人生が変わる」。ＡｌｌＳｍｉｌｅで伝えているのは、稼ぎ方ではなく働き方です。

ＡｌｌＳｍｉｌｅの講座を受講される方は、50代以上の女性がほとんどですが、この年代の女性たちは、たいてい子どもが巣立ち、第二の人生の始まりにふと立ち止まって、これからどうしようかな、好きな着物や着付けで何かできないかな、と思った人たちです。

そういう方々に出張着付けという働き方がありますよ、働き方が変わると人生が変わりますよ、と教えているのがＡｌｌＳｍｉｌｅなのです。

「着物セラピー」に加えて、新たに「ＡｌｌＳｍｉｌｅ」が加わり、リリースから2カ月後の8月には売り上げが３００万円突破。ようやく「Ｂ」への第一歩が踏み出せた気がします。

主体的に動く「All Sm:ile」コミュニティ

「B」の働き方のポイントは〝仕組み化〟です。All Sm:ileも、すべて仕組み化されています。

まず、インターネット広告を見たお客様は、ランディングページに飛びます。そこから公式LINEに登録し、オンラインの説明会が案内されます。オンラインなので北海道から九州まで、全国各地から参加できます。

そこでAll Sm:ileに加入し、晴れてAll Sm:ileメンバーとなったら、ビジネス講座や着付けに関する情報がどんどん配信されます。

またAll Sm:ileのコミュニティに入ると、着付けの練習会や情報交換できる懇親会、月に2回のオンラインスクーリングに参加できます。オンラインスクーリングは、専門技術を持つ着付け師、着付け教室を運営している起業家といった、さまざまなゲストを招き、成功の秘訣を聞くことのできる場。All

Ｓｍｉｌｅの講座をひと通り受講していただいたら、個々人で外部のマッチングサイトに登録して、いよいよ自身で仕事を獲得し、活動することになります。

Ａｌｌ Ｓｍｉｌｅ関東やＡｌｌ Ｓｍｉｌｅ関西など、地区別のコミュニティもあるので、その中で仕事を融通し合ったり、ヘルプで入る人を募ったり、そういった交流もさかんに行われています。

立ち上げから2年、Ａｌｌ Ｓｍｉｌｅメンバーは累計１００名を超え、メンバーが着付けたお客様は６０００人は超えています。

行動を起こせる人が夢をかなえる

「働き方を変えたら人生が変わる」

私はそう伝え続けてきましたが、Ａｌｌ Ｓｍｉｌｅに加入して実際に人生が変わった人は続出しています。

まず「着付けの仕事ができるなんて思わなかった」という人が、ほとんど。「All Smile に出合っていなくても、着付けの仕事はできていたと思いますか？」という質問に、ほぼ100％の方が「できていません」と答えたのです。

また「時間の拘束がない働き方だから、心身ともに余裕ができて、家族にやさしくなった」「今までは、家族から着付けが単なる習い事にしか思われていなかったけれど、仕事にするようになって、家族から応援されるようになった」……、人生が変わりましたという声は、枚挙にいとまがありません。

着物セラピーからAll Smile まで、私にとってビジネスを生み出すことは本当に苦しいことでした。生みの苦しみとは、これかというぐらい……。

2017年をビジネス元年としたら苦節5年。ようやく軌道にのってきたかなという感触を得ると同時に、これまでの学びがようやくつながったという思いもあります。

起業塾やビジネスセミナーでは、さまざまなビジネスモデルのパターンを検証したり、SNSマーケティングの知識を得たり、はたまたビジネスシナリオマップをつくったりと、多くのことを学びました。

実はＡｌｌ Ｓｍ・ｉｌｅの着想は、ある経営者の会で他の人に提案するビジネスシナリオマップをつくっていたときに得ました。

ビジネスシナリオマップとは、アイデアを事業計画に落とす脚本のようなもの。

私は、一人一人のメンバーのアイデアを聞くうちに、こうすればビジネスになるなというのが、だんだんわかっていきました。ビジネス脳が鍛えられていったのです。

でも、そんなふうにたくさんのビジネスシナリオマップをつくっても、誰も行動を起こしません。だったら私がやろうと思って、そこでつくったビジネスシナリオマップをヒントにＡｌｌ Ｓｍ・ｉｌｅをつくったのです。

つくづく感じるのは、どんないいアイデアを思いついても、やらないと意味がないということ。行動を起こせる人はそう多くない中で、行動を起こせる人が自分の夢をかなえる人になれるのだと感じました。

この行動力は、不動産投資にも非常に必要な力だと思います。

ビジネスに比べると不動産は楽

ビジネスでは、そんな生みの苦しみを味わい続けてきたので、それに比べて不動産投資というのは、なんて楽なんだ!! 心からそう思いました。

空室リスクやデッドクロスなど不動産投資のリスクはよく耳にしますが、私にとっては全く大した問題ではありませんでした。

もともと不動産がきっかけで私自身の人生が変わり、「人生を変える」ことを核にビジネスを立ち上げて、それが軌道にのり始めた。

まさに不動産のおかげで、ビジネスが回り始めたわけですし、逆にビジネスをやっていたおかげで、不動産投資が楽に感じられるようになったのです。

不動産コミュニティにいくと、経営者の方たち、いわゆる「B」の人たちばかり。その方たちに「ビジネスと不動産、どちらが大変ですか？」と聞くと、100％全員「ビジネスのほうが大変。不動産は楽」と答えます。

なぜ不動産のほうが楽なのでしょうか。経営者の方たちが口をそろえて言うのは「不動産はモノだけど、『ビジネス』は人だから」。

ほとんどの経営者の方が従業員を抱えていて、従業員が辞める、辞めない、給料やボーナスが少ないなど、いろいろなゴタゴタを抱えていらっしゃる。不動産はそういうことがないから楽だ、とおっしゃるのです。なるほど、と思いました。

不動産投資で夫婦仲がよくなる

さて不動産投資を始めてからは、私たち夫婦にも変化があらわれました。

〈不動産投資を始める前〉

・喧嘩もせず仲良し
・夫婦二人の時間を持つことはない
・夫婦二人で旅行したこともない
・夫は常に時間がなく、仕事人間
・私は稼いでいない罪悪感を常に抱えている
・夫はいい意味で私が何をしているか関心がない

〈不動産投資を始めたあと〉
・夫婦二人の時間を持つようになった
・夫婦二人で旅行するようになった
・夫の仕事の領域が第一象限から第二象限（85ページ）に変わり、家族の時間を意識的にとるようになった
・不動産でお金を生み出せるようになり、稼いでいない罪悪感がなくなった
・不動産のおかげで何をやっているのか共有するようになった
・不動産に関しては基本的に任されて、ここぞというときは夫の出番

こうして前後を照らし合わせてみると「共にする」ことが増えていることに気づきます。

私たち夫婦が初めて共にしたのは、2018年の3日間の不動産セミナーでした。そして夫はそのセミナーをきっかけに、単独でビジネスや人間関係のセミナーを受講しました。そこで夫は生まれて初めて「自分を大切すること」を知ったのです。

これまでは朝方3時、4時に帰ってきて、お風呂で寝ることもしょっちゅう。危ないからやめてほしいと、いくら言っても全く聞き入れてくれませんでした。そんな夫が、セミナーで「**自分を大切にできない人は、周りの人も大切にできない**」「**自分を愛せない人は、周りの人も愛することができない**」といった人間関係の原理原則を生まれて初めて聞いたのです。

それからは、お風呂で寝なくなりましたし、自分の健康にも気を配るようになりました。甘いものが大好きでしたが、それも明らかに減りました。

それとともに会社の業績も上がっていきました。

もちろん最初からうまくいったわけではなく、夫が社員に対して1 on 1をやっても全く効果なし。役員からは「社長は余計なことをやらないでください」と言われる始末でしたが、つい最近、1 on 1をやってみたら効果絶大。夫に社員一人一人を大切にしようという気持ちが芽生えたからでしょうか、社員の目の輝きが見違えるように変わったそうです。当然ながら業績にも反映されていきました。

この5年間ですべてが変わりました。つまり不動産投資を始めたことで、私たち夫婦の関係だけでなく、夫自身も夫の会社も見違えるほど変わったのです。

また私との時間も大切にしてくれるようになり、2021年の秋に初めて夫婦で京都へ旅行しました。宿泊先では、私がセルフコーチングして出てきた課題を夫と共有して……、まるで旅行というより合宿ですね（笑）。

実は今度、夫の会社に不動産部門をつくることになり、そこを私が担当することになりました。私にとっては念願です。どんな物件を手掛けようか、どんなふうに展開しようか、今からワクワク。

ますます夫と「共にする」ことが増えそうです。

子どもたちは夢に向かってまっしぐら

不動産投資を始めてから子どもたちとのコミュニケーションも増えました。「不労所得、権利収入が入ることで、好きなことができるようになる。そういう人生よくない？」ということは、常々子どもたちにもわかりやすく話していますが、それだけだと本を読んで伝えるのと同じです。

ですから私たちは、実際に所有している不動産物件の写真を見せて「ここにはこういう方が入居してくださっていて、その方からいただく家賃でうちの車が買えるんだよ」といったふうに、わが家の現状と照らし合わせてストーリーとして語っています。

そうすると子どもたちも、不動産投資のおかげで好きなことができている、というよりは、自分の人生で何を大切にするかということにフォーカスするようになってきたようです。

不動産投資をするのは収入を得ることが目的ではなく、その収入で目的を果たすこと。家族みんなの、よりよい未来に向かう選択なんだよ、ということは伝え続けていきたいです。

そのおかげか長男は映画監督を目指して映像の大学へ、長女はデザイナーになるために台湾の大学で学んでいます。それぞれ夢に向かって頑張っていますし、私も子どもたちにやりたいことをやらせてあげられているという実感はあります。

長女に関しては「お兄ちゃんはきっとお金に苦労する。私がお兄ちゃんのために頑張らなくちゃ」なんて、宅建の勉強をしているようです。将来は、かなりの戦力になりそうです。

付き合う人の差が人生の差になる⁉

不動産投資を始めてからは、家族だけでない人間関係にも劇的に変化が起こりました。

私は、ずっと**「付き合う人の差が人生の差になる」**と思っていましたが、だからといって正直、何をどう変えたらいいのかわかりませんでした。

それこそ子どもの頃に憧れた少女漫画の「お金持ちのお嬢様」の世界にいきたいけれど、今の自分の立ち位置からは、あまりにその世界が上過ぎて、どうすればいいのかわからなかった。そこに不動産投資を始めて、ついに憧れの世界の扉が開いたのです。

憧れの世界の扉を開くと、経営者の方々がたくさんいました。

もともと私が理想として描いてきたのが経営者になること。その自分の望む世界を想像したときに、そこにいる人たちはどんな人たちかなと考えたときに出てきたのが、経営者でした。

その経営者がたくさんいる人たちのところに、どうやったら自分がいられるのか。やはり私も経営者になっていなければいられないでしょうと思った。でも私は経営者としての自信がなかなか持てずにいました。ビジネスは頑張っていたけれど、なかなか結果が出ない。まだまだとずっと思っていたけれど、不動産投資を始めたことで、これだけできていればすごい、と周りから評価をいただき、確かにそうだなと自分でも認めたところから経営者としての自分も認めることができるようになりました。それからです。どんどん経営者の知り合いが増えるようになったのは。

身もふたもない言い方になってしまいますが、ステージが上の人と付き合うにはお金が必要になります。ランチ一つにしても、1000円のランチではなく、5000円、1万円のランチになる。余裕がなければ、心的にも経済的にも負担がきてしまうけれど、私がその負担をさほど感じずにすんだのは、やはり不動産投資による収入があったからです。

先ほども付き合う人の差が人生の差になるとお伝えしましたが、本当に付き合う人が変わると、人生が変わります。

私が新たに知り合った経営者の方たちは、男性も女性も健康に対する意識の高い人が多いですし、特に女性は美への追求心がすごい。会う人会う人、年齢を聞いて「えっ」と驚くほど、もう美魔女だらけです。

健康にしても美にしても、収入に比例していくことは否が応でも感じます。経済的に不安定だと食べるものにお金がかけられず、髪の毛はパサパサ、肌もくすみがち。若いときはそう差がなくても、40歳、50歳を過ぎると、生活に疲れている人とすごく輝いている人と二極化していきます。

若さというレバレッジがなくなると余計ににじみでるものがあるのを見たときに、心的な余裕と経済的な余裕というのは、絶対に必要だなと感じます。そもそも経済的な余裕がないと、心的な余裕も生まれません。

いわゆる普通の人が人生一発逆転するには、ビジネスで成功するか、不動産投資で成功するか、その二択しかないと私は思っています。

ビジネスが得意な人は、ビジネスをすれば不動産投資よりも簡単に成功できますが、自分の能力とそれ以外に運も必要なので、なかなかハードルが高い。

そう考えると不動産投資は、自分の能力がなくても夫婦で協力し合ってできるし、ちょっとしたお金の使い方でうまくいく可能性が高い。また不動産投資は68ページのクワドラントを変える手段として有効です。

私の場合、不動産投資をすることでビジネスの難しさがわかりましたし、ビジネスで成功されている方のすごさもよりわかりました。

今はまだ「お金持ちのお嬢様」の世界の扉が開いたばかりですが、不動産投資をしていなければ、いまだにどうやったらそこに行けるんだろうと謬々と考えて、挑戦しては敗れて、といったことを繰り返していたと思います。

ただの主婦から複数のビジネスを展開する経営者へ

不動産投資を始めて、ビジネスや夫婦関係、家族関係、人間関係など、さまざまな変化が起こりましたが、実はいちばん変わったのは「私自身」です。

不動産投資をする前の私のセルフイメージは「ただの主婦」でした。そこから不動産を学び、ビジネスを学び、いろいろな知識をつけてきましたが、それでも「ただの主婦」というセルフイメージからは、なかなか脱却できませんでした。

２０２０年、あるビジネス塾に入り、12月に合宿に参加したときのこと。当時は四棟の不動産オーナーでありながら、セルフイメージは依然「ただの主婦」でした。でも自分の中で、それはどうにかしたいと思っていました。

合宿中に「なりたい自分の姿」を一人一人発表する時間がありました。私の番になったときに、私は思い切って「今まではただの主婦というセルフイメージでしたが、〝複数の事業を持つ経営者〟を意識したいと思います」と言ったら、周りはポカーン。

えっ、私たちは複数の事業を持つ経営者と思って見ていましたけれど。不動産持っている時点で、ただの主婦じゃないじゃん。というか、ただの主婦だと思っていたことにびっくりした。そんな反応でした。

このときに自己評価と他者評価が、こんなに違うんだと実感しました。そう、二棟目オーナーになって感じた自己評価と他者評価のズレがはっきりとわかった瞬間です。

不動産を四棟買っても、自分で事業をしても、当時の私は、すごく自己評価が低かった。周りからどんなに言われても、自分がそれを認めないので、全く自己評価は上がらないわけです。

なぜ、こんなにセルフイメージが低かったのでしょうか。

結婚して子育て中の女性は、○○さんの奥さん、○○ちゃんのママ、と呼ばれることが多くなり、どんどん自分の名前で呼ばれなくなっていきます。そうなると奥さんとして夫のサポートに入る、ママとして子どものサポートに入るなど、どうしても後ろから支える役割になっていきます。

主役は夫や子ども、自分はわき役になるので、セルフイメージがどんどん低くなっていってしまう。

人に何かしてもらう場面でも「私はいいです」「いいえ私なんか」と一歩引いてしまい、どこか発する言葉も自信がなさげ。私もまさにそうでした。

でも不動産投資を始めて、何千万円、何億円といった言葉を口にしているうちに、だんだんとセルフイメージが変わっていきました。

男性の場合は、会社で何億円のプロジェクトといった話をする機会がありますが、家族のサポート役である女性に、そんな機会はほとんどありません。ですから100円、200円の話から、いきなり何千万円、何億円といった話をすると、セルフイメージが一気に変わるのです。

セルフイメージが上がると、自分の基準値もぐっと上がります。

よく「変わりたい」「人生を変えたい」と言う人がいますが、それに対して「ありのままのあなたでいいよ」という意見もあります。

これは矛盾をはらんでいますよね。ありのままのあなたでいいけれど、そのままだと何も変わりません。


では、ありのままのあなたで変わるためにはどうしたらいいか。

それは「基準値」を上げることです。

「あなたを変える」のではなく、「あなたの基準値を変える」のです。


たとえばお茶も、チェーン店のカフェではなく、ホテルのラウンジで飲む。そうすると、チェーン店のカフェにいる自分という基準値から、ホテルのラウンジにいる自分に基準値がアップします。

これなら、ありのままの自分だけど空間が変わり基準値が上がるため、着る服も変わるし、つき合う人も変わる。

基準値を変えることは、そのままの自分でセルフイメージを変えるのに絶大な効果を発揮するのです。

この基準値でいえば、以前の夫には逆に働いていて、いつまでも学生時代と変わらない基準値でした。

社会的ステータスでは社長なのに、夫は相変わらずいちばん安い行き方を探したり、カプセルホテルに泊まったりしていました。

もちろん経費を節約することは大切ですが、社長であれば「いちばん安い」という基準値でなく「自分のパフォーマンスを最大限にするにはどうするか」という基準値でいかないといけないわけです。その基準値を変えないと、人生は変わらないなと思います。

私自身は「ただの主婦から複数のビジネスを展開する経営者」にセルフイメージが変わり、基準値が上がったことで、自分に自信がつきました。だから、どんなにつらいときや大変なときがあってもなんとか乗り越えられる。私の尊敬する不動産オーナーや社長は、こんなときに弱音を吐かないだろうなって。そんな胆力もついてきました。

そうなると心に余裕ができるので、奥さんやママといった役割もかえって大切にできる気がします。

第5章

幸せな不動産投資を成功させるには

不動産投資は幸せになるための手段

不動産を持つということは「長期的に経済を潤す」「安定した不労所得を得る手段」「相続対策に断然いい」など数々の素晴らしいことがありますが、何のためにそういったものを求めるのかといったら「幸せになるため」です。そう、不動産投資は、**あくまでも幸せになるための「手段」**です。

不動産を持つことで、争いが起きて、一族バラバラになっている例も少なくありません。そんな不動産投資は、全く「幸せ」ではありません。

夫婦はもとより、家族全員が仲良く同じ未来を向いて、不動産収入によって、みんなが一緒に豊かになっていくこと。これこそが、私の考える「幸せな不動産投資」です。

実際、私が不動産投資を始めて、夫婦関係、家族関係、人間関係、すべてがうまく回り始めたのは、4章で述べたとおりです。まさに私に幸せをもたらしてくれたのが不動産投資でした。

幸せな不動産投資を成功させるには、次のステップが必要です。

●ステップ1
自分がどういう人生にしたいか、自分がどうなりたいかを徹底的に考える
←
●ステップ2
そのために、どれぐらいお金が必要かを考える
←
●ステップ3
不動産投資について学ぶこと
←
●ステップ4
不動産を持つ意味を考え、不動産投資をする目的を明確にする

↓

●ステップ5
とにかく行動する

この5つのステップを踏まないと、幸せな不動産オーナーにはなれないというのが私の結論です。

私の場合、ステップ1については、小さい頃から「お金持ちのお嬢様」になりたいという憧れがありました。それが具体的に潜在意識に入ったのが、初めてセミナーで権利収入という言葉を聞いて「30階からの景色が見たい」と思ったとき。「これが願望です」と言いながら、私は不動産をどんどん買い続けていました。周りの人からは「そんなにどんどん買ってどうするの？」と言われても「いや、私は30階からの景色が見たいんで」と全くぶれませんでした。

ステップ2の必要なお金については、目指す場所によって投下するお金が変わってきます。私の場合、目指す場所は30階。そこからの景色を見るためのお金が必要でした。

たとえば老後資金が欲しいなら、毎月の収入が安定的に入るインカムゲイン狙いの不動産投資で十分です。しかし30階からの景色が見たいなら、購入した物件を売却して、キャピタルゲインを狙っていかなければいけない。やり方はガラッと変わるのです。

そのためには、どれぐらいのお金が必要で、それを達成するには、どんなことを学ばなければいけないか。そこでステップ3が重要になります。

インカムゲインをとることをいくら学んでも、30階からの景色は見られない。キャピタルゲインをとる学びが必要です。2022年から「開発型不動産」を学ぶために、新たな不動産塾に通い始めたのも、まさにこのためでした。そこは、これまでの不動産セミナーとは全く違う、本気の不動産オーナーが集まるところでしたから、付き合う人も全く変わりました。そういった環境に身を置くこと自体、重要なのです。

ステップ4では、不動産を持つ意味に関して考えます。株や他の投資ではなく、なぜ不動産なのか。私にとって不動産を持つ意味は心の平安を得ること、です。

結果的に、ビジネスや家族関係、人間関係、自分自身が変わるという大きな恩恵がもたらされました。

そして不動産を持つ目的を明確にします。私について言えば、家族の幸せのため、未来の選択肢を増やすため、これこそが明確な目的になります。

最後のステップ5はそのままです。「行動あるのみ」！　ここまでのステップできちんと考え、目的が明確になっていれば行動に移せます。けれどもステップ4までが弱いと行動になかなか移せないでしょう。

いったん不動産投資を始めると、どんどん迷子になってしまって本来の目的がわからなくなりがち。ですから、この5ステップは、何度も考えなければいけません。

特にステップ3で不動産投資について学び、それを実践していくときにもう一度、不動産を持つ意味、自分が手に入れたいものは不動産でなければ手に入らないのか、そういうことをきちんと考えないと、買ったけれどどうする？　ということになってしまいます。また、そこが定かでないばっかりに、行動に移せないこともあります。

とはいえ実際に物件を買ってからわかることもあるので、ステップ5の、行動あるのみ！　が重要なのです。

こう考えると私の場合、ステップ1が強力でしたから、迷いなくどんどん進めて行けました。「ハイペースでいけたのはなぜですか」と聞かれたことがありますが、それはもう「潜在意識に入っていたから」としか答えようがありません。反対に言うと、ステップ1が弱いと、ずっと学んでいて、いつまで経っても始めないということが起こりかねません。ですから**潜在意識に願望を入れる**ということは、何よりも大切なのです。

ここまで来て私は、ようやく30階まで来たかなという感覚があります。まだまだですが、やっと自分のためにお金を使えるようになってきました。

2022年のこと。自分のためにお金を使えなかった私が、初めて自分の意思でダイヤモンドの指輪を買うことができたのです。それは「私はダイヤモンドの指輪を身に着けるのにふさわしい」と自分のことを認めることができたから。
私にとって、不動産投資を始めてからの道のりは、自分を認めるための道のりだったのかもしれません。

そして、幸せな不動産投資を成就させるには、この5ステップに加えて、**「良好なパートナーシップ」**が不可欠です。最後に、私が最も大事にしている「パートナーシップ」のお話をさせてください。

幸せな不動産投資にパートナーシップは不可欠

まず幸せな不動産投資の根っこに絶対になければならないのが、夫婦の「パートナーシップ」です。

「不動産投資をしたいのに、夫がなかなか理解してくれない」
「夫が私に相談もなく、勝手に進めてしまって私は置いてけぼり」

私の周りにいる夫婦から、よく聞く声です。しかし実は、夫婦ともに不動産投資に前向きということは、あまりありません。たいていどちらかが前向きで、どちらかが後ろ向き。それで夫婦のバランスがとれているわけですから、これは大前提なのです。

そう考えたら、もともと夫婦仲が良ければ、互いに尊重するので、そこでちゃんと話し合いができますが、夫婦仲が悪いと、話し合いにエネルギーをとられて、さらに険悪になります。

おそらく夫婦仲が悪くても、不動産投資は成功します。しかし、そういうケースをよく観察してみると、夫がいくら家族のためにやっているんだと言っても、妻は勝手にやっていると思ってて、全くかみ合っていない。夫が別荘を買って、そこに妻を連れて行っても、妻は別荘の手入れに追われて、それなのにまた新たに別荘を買って、お願いだからもう買わないで、なんて嘆いている。

夫婦で幸せを全く共有できていないのです。夫婦のどちらかしか幸せでないのであれば、幸せな不動産投資とはいえないだろうと思います。

夫婦仲だけでなく親子仲も重要です。

これは、不動産投資家や税理士や弁護士の方々から聞く話ですが、不動産を持っていると相続でもめる家が多いそうですが、なかには全くもめない家もあるそうです。

そのいちばんの違いは、**不動産を持つ目的を親が子どもにきちんと伝えられているかどうか**。

つまり「幸せに向かうため」というところが、共有できていればもめることはないのです。

でも、それを子どもたちが受け継いでいないと、せっかくいいものを残しても「こんなもの残しやがって」ときょうだい間の争いになるのです。

ですから不動産投資をするときは、ぜひ子どもも巻き込んでください。

20歳未満の子なら、不動産投資について一緒に学んだり、物件を見に行ったりできます。でも子どもが成人すると、子ども自身に仕事や家庭があって、なかなか巻き込むのが難しくなります。

でも、もともとの家族仲がよければ、お父さんの言うことなら、お母さんの言うことなら、と親の話に聞く耳を持ってくれます。

幸せな不動産投資には、夫婦仲だけでなく、親子仲がよいことも大切なのです。

夫婦でお金の話をしていますか？

もともと夫婦のパートナーシップに不安があった人も、夫婦で不動産投資を始めて仲良くなった人たちは多数います。

以前「資産形成の大切さ」について語る会を主催したときのこと。最初は一人で参加していた人に「ぜひ次はご夫婦で」と私が呼びかけたら、次はご主人や奥さんと一緒に参加してくれました。そうすると何が起こったかというと……、

１００％、夫婦仲が良くなった！

何のために資産形成をするのか。
何のために不動産投資をするのか。

この会が、夫婦の将来を話し合うきっかけになったようで、「会のあと、夫と未来の可能性についていっぱい話した」「不動産が夫婦一緒の目標になった」なんて、うれしいコメントをたくさんいただきました。

私たち夫婦もそうですが、夫婦でお金について話すことは、すごく大切にもかかわらず、日々の忙しさに紛れて、なかなか話す機会がありません。特にビジョンを持って話すということは、ほとんどありません。

でも不動産投資を始めると、どうしても今のお金の話はもちろん、将来のお金の話をする機会が増えます。必然的に家族の未来の話をすることになるので、夫婦仲が良くなるのです。

一緒に学び始めて夫婦の足並みがそろった

とはいえ私たち夫婦が、もともとパートナーシップがあったかというと「?」です。9歳年上の夫は、私のことを全肯定してくれて、私も夫のことを尊敬していたので、夫に不満はありませんでしたが、夫の会社には不満だらけ。社長としての夫を何とか変えたいと、いろいろなセミナーに誘ったのは先述しました。

学び始めたのは、私のほうが一歩先でしたが、不動産セミナーに一緒に参加したあたりから、夫婦で足並みがそろうようになりました。

もしも私だけが学んで、夫がずっと「俺はいいよ」と言っていたら、どんどん意識がずれて、夫婦関係はどんどん乖離してしまったかもしれません。でも夫婦一緒に学ぶことができたおかげで、同じ方向を見ることができたのです。これが私たち夫婦のパートナーシップを育む第一歩だったように思います。

夫婦の足並みがそろえば、あとはスムーズです。

いざ不動産投資を始めてからは、どっちが何を担当する、と夫婦でうまく役割分担ができるように。とはいえ、わが家の場合、いたって自然に実務面は私、資金面は夫になりました。

というのも、夫は大変忙しい経営者。一緒に不動産のセミナーは受けたものの、不動産で手を煩わされるのを嫌がったため、物件検索や物件調査など、諸々の実務は全て私になりました。

一方、私は専業主婦（稼げない個人事業主）で、社会的信用がないため、100％融資を受けられません。夫の信用を使って融資を受けるしかないので、必然的に夫が資金面を担当することになったのです。

不動産投資の世界では、よく「レバレッジ効果」という言葉が出てきます。レバレッジ効果とは、小さな力で大きな効果をもたらす「テコの原理」のこと。つまり不動産投資に置き換えると「少ない自己資金でも、借入金でレバレッジを利かせると、大きな投資効果が得られる」ということです。

実はこのレバレッジ、夫婦で不動産投資をするときにも効いてくるのです。先ほどから話しているように、専業主婦は社会的信用がないので、金融機関からの融資を受けることはできません。**しかし専業主婦でも、夫をレバレッジにすれば、融資を受けることができるのです。**

つまり夫の勤務先や勤続年数が、レバレッジとして働く。妻の社会的信用度が低くても、夫の社会的信用度を使ってローンを組むことができるのです。

夫をレバレッジにして不動産をやろうというと、ほとんどの男性に苦笑されますが、実はこの方法で、**いちばん恩恵を受けるのは夫です。**

わが家もそうですが、専業主婦は社会的信用度はないけれど、実務に割ける時間はあります。つまり**夫は最小限の労力で、妻をレバレッジにすることで、不動産という大きなものを手に入れることができる。夫にとってのレバレッジもまた、妻なのです。**

また、この不動産というものは、**家族を守る存在**にもなり得ます。

専業主婦と子どもを養う一家の大黒柱である夫は、愛する家族のために毎日一生懸命働いているでしょう。それに対して家族は心から感謝しています。

しかし、もし夫に何かあったらどうしますか？

保険に入っているから大丈夫？

遺族年金が出るから大丈夫？

もちろん、それもあったほうがいいでしょう。でも、そこに「家賃収入」という夫の代わりに家族に収入をもたらす存在があったら……。

妻は夫の信用によってお金を借りる、夫は妻の働きによって不動産を手に入れる。互いにレバレッジを利かせることで、その存在を手に入れることができるのです。これほど、ありがたいことはないのではないでしょうか。

夫は王様、妻は恋人

私が夫とパートナーシップを育むうえで、意識していた役割がもう一つあります。

それは、夫＝「王様」、私＝「恋人」という役割です。

これは経営塾で教わったビジネスの考え方ですが、ひとつの組織に集まる人たちには、それぞれ「王様」「恋人」「戦士」といった役割があります。

いわゆる社長のエネルギーの人は王様、秘書のエネルギーの人は恋人、営業のエネルギーの人は戦士、といったふうに個人の特質に応じて、それぞれの役割を全うすると、組織がうまく回るのです。

この考え方は家庭でも当てはまり、わが家の場合、夫は王様、私は恋人でうまく回っています。

私は外では王様ですが、家でも王様になると、王様の席をめぐって争いになってしまう。私は家を戦いの場にしたくないので、私は家では恋人役。恋人役といっても、イメージは秘書ですから、夫をうまい具合にアシストする役目です。

夫からすると不動産投資は私担当なので、夫は全てにおいて私を前に出そうとしますが、前に立つ王様の役は夫ですから、夫にやってもらうと、やはりうまくいくことが多いと感じています。


実はつい最近も、私はミスをしてしまいました。銀行の担当の方とのコミュニケーションがうまくとれていなくて、互いに「こうなんだろうな」と思いながら進んでいたところ、最後に銀行から提示された数字が、私が思っていたのと全く違い、自己資金が相当要る状態になっていたのです。またも「どうしよう、どうしよう」という状態。

そのことを夫に伝えたら、夫が銀行との話し合いに出てくれました。そこで夫は冷静に理路整然と、こちらの言い分を伝えて結局、担当の方はもう一度持ち帰ってくださって、なんとか丸く収まりました。そのときも経営者としての夫の手腕と交渉力に助けられました。

私は私で夫から「なんで最初にやっておかないの」と怒られましたが、このときは自分の力量不足よりも、ここぞというときは、やはり夫が頼りになるなと感じました。さすが王様って！

反省しつつも、夫婦で取り組むメリットを改めて感じました。

そう、お互いのいいところを発揮できる、もしくはできないところを補い合える。これこそ夫婦で不動産投資に取り組むメリットなのではないでしょうか。

女性こそ不動産投資

私はたまたま不動産の実務が楽しくて、好きでやっていますが、周りを見渡しても、不動産投資は女性の方が向いているかもと感じることがよくあります。

たとえばコミュニケーション能力。不動産投資は、さまざまな人と関わるため、高いコミュニケーション能力が求められます。もちろん男性でもコミュニケーション能力が高い方も多いですが、相手が求めていることを察することやちょっとした気遣いや配慮ができるのは、やはり女性のほうがうまい気がします。

お中元やお歳暮、お礼状など感謝の気持ちの伝え方もこまやかです。


とはいえ深いお付き合いになると、女性はやりにくいところもあります。たとえば銀行の男性担当者に「二人で飲みに行きませんか」と誘うのは、なかなか難しいですすし、私自身の話で言うと、そもそもお酒が飲めません。

いわゆる飲みニケーションは、男性のほうがハードルが低いので、ちょっとうらやましい気持ちもあります。


すき間時間を使うのが、じょうずなのも女性です。もともと女性は、結婚や出産、子育て、介護など、ライフステージに影響を受けやすく、私自身、不動産と出合ったのは、母の介護スタートと同時期でした。

そういった家のことをあれこれ担う女性だからこそ、時間の使い方がじょうずなのです。不動産投資は空き時間を有効活用してできるので、つくづく女性向きだなと思います。

私自身、母をデイサービスに送りだして、洗濯と掃除をすませたら、パソコンを前にして、あちこちの不動産会社に電話をかけます。「今日は不動産の日」と決めて、物件調査をしたり、内覧に行ったり。

マルチタスクの多い女性は、こんなふうに自分のライフスタイルに合わせて不動産と関わっていくことが可能なのです。

不動産投資をする前に「学ぶ」

「不動産は何もしなくても入ってくる収入」

これは真実ですが、大前提として「学ぶ」ことが重要です。なぜなら不動産投資は、きちんと学んで行動を起こした人が勝つルールになっているからです。反対にいえば、8割の人が学ばずに行動を起こしたせいで失敗しています。

特に、仕事をセーブしている子育て優先期の女性が「学ぶ」に投資できたら、不動産投資の勝者に近づけるのではないでしょうか。

「子どもの教育にお金をかけるよりも、妻の学びにお金をかけたほうがいい」

昔聞いた、ある識者の発言ですが、私自身、大きくうなずいた記憶があります。

私もそうでしたが、学んでいないときは、とかく目の前の細かいことに気をとられて、物事を俯瞰して見ることができません。

お母さんの世界が狭いと、お母さんの知っている範囲でしか物事を見られないので、子どもがその範囲以外のことに興味を持っても気づいてあげられないし、伸ばしてあげることもできない。

これは子どもにとって、大きな機会損失です。

お母さんに大事なことは、まず自分の世界を生きること。そして自分と子どもの人生を切り離し、広い世界の情報をとりにいくことではないでしょうか。

1章でもお話ししましたが、もしも私の母が、中学受験や英語教育に対する知識があれば、もしかしたら私の能力がもっと花開いたかもしれない……。母のせいばかりではありませんが、自分の育った環境を考えても、お母さん教育はつくづく大事だと感じています。

大人の学びは緊急ではないけれど重要

しかしながら「大人の学び」は、85ページでご紹介したタイムマネジメントでいうと、「緊急でないけれど重要なこと」です。

学校のテストは「緊急で重要なこと」ですが、大人の学びは「テストに出るから勉強する」「資格を取るために勉強する」といったものとは全く違います。あくまでも、未来の人生設計に対して必要なこと。この次元の学びに、じっくり取り組めるのが「大人の特権」だと私は思っています。
ただし、この学びは義務教育ではないので、自分の意志で「学ぼう」と思わない限り学ぶ必要はないし、自分からやらない限り一生やらないものです。「時間がないから」なんて言い訳はせず、今すぐ取り掛かってほしいですね。

お母さんが楽しんで学べば、子どもも必ず真似して学びます。子どもに勉強させたいなら、親が勉強するのがいちばん！
私は講演会やセミナーなどに行って感銘を受けて帰ってくると、子どもたちにすごく話していました。「今日こんな話聞いてきたんだよ～」って。しかも、めちゃめちゃ楽しそうに！（実際楽しかったので）
内容はともかく、とにかくお母さんが楽しそうだということが伝わればよいのです。そうすると、子どもは**「大人になってからの勉強は、とても楽しい」**というイメージを持ちます。親がどんどん学び、それを子どもたちに楽しそうにアウトプットして、楽しそうな様子が伝われば、それだけで教育完了。私はそう思っています。

わが家の例でいうと、いつも私が、聞いてきた話を子どもたちに楽しそうに話すので、子どもたちは「セミナー」というものに対する抵抗感がありませんでした。高校生になって「集会で『セミナーに気を付けましょう』と言われた」と驚いていました。セミナーはいいものだという認識だったのに、悪いものだという認識を植え付けられて帰ってきたようでした。

もちろん悪いセミナーもいろいろあります。でも単に「セミナーが悪い」のではなく、「どういったものかを見極める力がないことがよくない」ことはきちんと認識していたようで、わが家の子どもたちは、ディズニーランドに行くかのように、楽しみにセミナーを受けるようになりました。

学校で学べない重要なことを学んでいるということが、よくわかっていたようです。

子どもたちにいい影響を与えるためにも、不動産投資をしたい女性たちは、まず何でもいいから学んでほしい。子育てや夫婦関係系でもいいし、自己啓発系でもいい。最初は興味のあることでＯＫ。

そして何かしらの学ぶ習慣がつけば、「広く世の中を見る」ことに興味を持つようになり、いずれ不動産投資につながります。反対に言えば、**学ぶ習慣がなければ、不動産投資というところまで考えがいかない**でしょう。

不労所得がほしいのに、不動産は遠すぎて、私には不動産は関係ないってなってしまいますから。かつての私のように。

夫婦でハグで夫婦仲は爆上がり！

話をパートナーシップに戻しましょう。夫婦仲が冷え切っているとき、あるいはぎくしゃくしたとき。そんなときの特効薬があります。

それは朝出かけるときに、夫婦で「ハグ」をすること。これはやってみると効果てきめんです。

そもそも私がこの方法を知ったのは、2019年3月、5年前のこと。たまたま友人が出演する舞台で講演会があり、その中で二組の幸せなご夫婦の対談があったのです。

夫婦仲がよくなる秘訣として、二組ともおっしゃっていたのが「朝、出かけるときにハグをする」こと。

それを聞いた私は「幸せな夫婦の共通点がそれなら、これはぜひやらねばいかん！」と、家に帰って夫にそのまま伝えました。「明日からやろう」と私が言うと、夫はああ、うんという感じで、わかっているようなわかっていないような。

翌朝、いざハグとなったときに、夫はそれを忘れていたようで、そうか、そうかという感じで、初日はぎこちなくハグしました。

もちろん私も、最初は抵抗がありましたが、それは横に置いておいて。でも夫は毎日、本当にうれしそう。何カ月経っても、何年経っても、うれしそうなので、夫にはよかったんだろうなと思います。

互いの体に手を回すだけで、お金も時間もかからない。それでパートナーの気分が上がって、その日のパフォーマンスが上がったら、こんなに素晴らしいことってないですよね。

そんな調子で毎日ハグを続けていたら、いつもハグする時間にいなかった子どもたちが、あるときからいるようになりました。そうするとハグがしにくくなってしまった。

どうしようかと考えた末に思いついたのが、子どもたちも一緒に円陣を組むこと。子どもたちも最初は「えっ、何これ?」という感じでしたけど(笑)、やると何となく盛り上がるので、今では毎朝の恒例になっています。

私の主催する「不動産女子会」のメンバーにも、夫婦でハグをすすめると、みんな最初は「ええっ~! 無理~!」と悲鳴をあげます(笑)。「う一ん、やります……」と及び腰になりつつも、家族で円陣の話をすると「それならできるかも」と言います。

ぜひ夫婦でハグ、あるいは家族で円陣を試してみてください。パートナーシップが爆上がりして、家族が仲良くなれること間違いなしです。

夫婦の目線を合わせて「共にする」

先にお伝えしたように、私たち夫婦は不動産投資を始めて「共にする」ことがすごく増えました。この「共にする」ことも、幸せな不動産投資に重要です。

私たちは一緒にセミナーに出るなどの行動を共にしていましたが、財布も共にするとさらによいでしょう。

専業主婦であれば、必然的に財布は一つになりますが、共働きだと財布が別々のケースが多く、それゆえ「夫に迷惑をかけたくない」「妻に干渉されたくない」と、自分の財布だけでやろうとする人が多いもの。

しかし当然ながら、一つの財布でやるよりも、二つの財布でやったほうが拡大は早い。なので世帯のお金として「共にする」と考えたほうがよいと思います。

「共にする」ときのポイントは、夫婦で目線を合わせること。昭和の時代は、妻が三歩下がって夫を立てるのが美徳とされていましたが令和の現代は、やさしい男性も多いし、頼もしい女性も多い。互いに歩み寄って、目線を合わせて行動や考え方を共にする。


そして互いに「太陽」になれば、必ず夫婦円満になります。


『北風と太陽』というイソップ童話があります。

旅人の服を脱がせようと競争する北風と太陽。北風は力いっぱい風を吹いて服を脱がそうとするけれど、うまくいきません。一方、太陽があたたかく照らすと、旅人はたまらず脱ぎます。

力づくで物事を進めるよりは、相手がその気になるようにさせるほうがよい、という教訓を込めた絵本です。

夫が太陽になるとは、妻がしてくれたことに対して「ありがとう」と感謝を伝え、それに対して「労りの言葉をかける」こと。かたや妻の太陽は「かわいらしさ」です。

見かけではなく「あなたのおかげ」「あなたって最高！」「あなたと結婚して幸せ」と笑顔でニコニコしていること。

夫にとっては、妻がご機嫌でいてくれることが何よりも幸せであり、心の安らぎであり、それこそ太陽なのです。

こういったことが「幸せな不動産投資」に最短でたどりつける、理想的な夫婦のあり方のような気がします。

夫婦仲が良いと子どもの自己肯定感も育つ

夫婦関係が子どもに及ぼす影響もまた大です。

親が仲がいい＝自分は愛されて、この世に生まれてきたという自己肯定感
親の仲が悪い＝自分は生まれてこないほうがよかったのではないかという自己否定感

これを気づかせてくれたのは、私たちのある年の結婚記念日に娘がくれた一言です。

「私たちきょうだいの、自己肯定感が高いのは、お父さんとお母さんが喧嘩もせず仲がいいからだと思う」

この娘の一言を聞いたときに、子どもたちが小さい頃の光景がフラッシュバックしました。まだ幼い子どもたちとお風呂に一緒に入っていたときに、まっすぐな目をした娘からこんなことを聞かれました。

「ママはパパのことが好き？」

「うん、好きだよ」

私がそう答えると、娘は顔をくしゃくしゃにしてニカーッ。そして耳元で「あのね、パパもママのこと好きだって」と、うれしそうに言ってきました。

なるほど、ただ「愛されている」だけでなく、仲のいい両親のもとで育ったことが自己肯定感の根幹にあるのかもしれない。

そう思ったのは、私が娘と真逆の経験をしているからです。

確か小学校1年生のときのこと。近所の人から「お父さんとお母さんに『弟か妹がほしい』って言ってごらん」と冗談交じりに言われました。家に帰った私がそのことを母に言うと、母はとっさに「いやよ！　あんな人の子どもをもう一人産むなんて」と言ったことが、はっきりと記憶に残っているのです。

長らく自己肯定感の低い自分から抜け出せなかった原因を、娘の一言で気づかされたようでした。

結婚って素晴らしい！

最後に読者のみなさんにご質問。結婚に対して、どんなイメージを持っていますか？

・我慢
・自由な時間がなくなる
・好きにお金を使えなくなる
・家にしばりつけられる
・責任が伴う

世の中の結婚に対するイメージは、こんなふうに「ネガティブ」なことが多い気がします。これはある一面では真実だと思いますが、わが家の場合、いい面の方が数段上回っていると感じています。

今は「夫婦別姓」や「事実婚」など、今までの結婚の枠にとらわれない考え方が多くなっている傾向にあり、「離婚」も昔のようにハードルが高いものではなくなってきています。

夫婦の形はそれぞれなので、ひとくくりに語ることはできませんが、私は結婚してからの人生が、

＼とにかく幸せ／

なのです。

・一人じゃない
・守られている安心感
・役割がある喜び
・楽しみが倍になる

・つらさを分かち合える……

特に妻としての役割、母としての役割、嫁としての役割など、いろいろな役割があることは、すごくありがたいことだと思っています。しかし逆に、これが苦しみになっている人も多くいます。

もちろん一人の人には、一人の楽しみがあると思います。でも私は寂しがり屋なので、こういう役割があったほうがうれしい。そして不動産投資をすると、さらに役割が増えて、ますます幸せになるのです。

幸せな夫婦が増えたら「結婚っていいな」と思う独身者も増えるでしょう。そうしたら、さらに幸せな不動産投資を実現できる夫婦が増えるかもしれない。

だから私は、最後に心からお伝えしたい。

＼結婚って素晴らしい！／

そして……

＼夫婦仲良く！／

そう、夫婦の「パートナーシップ」があれば、必ず幸せな不動産投資は実現できますから。

特別対談

三浦 亘 × 大竹智子

ファイナンシャル・プランナーの
三浦 亘さんとお話ししました。

三浦 亘
（みうら・わたる）

株式会社グランディール代表取締役社長
富裕層コンサルタント
一般社団法人 法人クレジットカード相談士協会 青山第一支部代表

ファイナンシャル・プランナーとして8万人以上の対面コンサルティングを経験。各界において人脈を拡大し続け、クライアントは経営者、上場企業役員、医師、資産家、投資家、弁護士、税理士、トップセールス、会社員や主婦まで多岐にわたる。開催する講座は口コミの連鎖を生み続け、各種グループコンサルを受講したクライアントは延べ 1,000 名を超える。

三浦さんの一言で人生が変わった！

三浦さん（以下、三浦）　「マンションを契約するかどうか悩んでいる人がいるから、ちょっと相談にのってあげてほしい」と知り合いから紹介されて出会ったのが、大竹さんご夫妻でした。２０１８年頃のことでしたね。

大竹　当時、わが家は夫の妹のために買おうとしていたマンションの契約がせまっていて、私はこれが負債になるのだろうかという恐怖しかない状態でした。そこで夫婦で三浦さんに相談させてもらったんです。

三浦　そのときにご主人の会社の決算書などの資料もお持ちいただき、いろいろお話を聞かせていただきました。もともとご主人は、ご多忙と伺っていましたが、お話を聞いても本当にお忙しいし、社長という立場上、責任も重い。ただ会社の業績はよいので、その業績を活かして不動産事業はなさらないんですかと聞きました。いわゆる融資を受けて行う不動産投資は、好き好きがあるので、そういうのはどうなんですかって、純粋にお尋ねしたんです。

大竹　そのときの私たちは、好きとか嫌いとかいうより、そもそもその発想がなくてポカーン（笑）。

三浦　お忙しいから当然ですよね。でも、やはり会社を経営していると当然、取引先が思い通りにならないこともあるでしょうし、大竹さんの会社のように日本以外の国と取引していたら、なおさらそうです。また従業員についても、なかなかイメージ通りにいかないこともあると思うんです。でも不動産って、恋人にふられたからやる気がわかないとか、落ち込んでいるからちょっとサボっていいですかとか、そういうことは絶対になく、家賃収入という形で、淡々とお金を生み出すもの。確かに住宅ローンで手に入れたマイホームは負債になりますが、もうけを生み出す不動産であれば、負債ではなく資産になるし、それによって事業が安定するケースも多いですよね。

大竹　それで三浦さんは「大竹さんは、すぐにでも一棟マンションを買えますよ」と言ってくださった。

三浦　そうです、そうです。大竹さんが買えないなら、多分誰も買えないですよ

（笑）、と言った覚えがあります。

大竹　私は三浦さんのその一言が、いまだに宝物になっているんです。三浦さんは、もともとファイナンシャル・プランナーということで紹介されましたが、単にお金だけでなく、マーケティングや財務など、経済全般にすごく詳しい。そんな方にそう言われて、本当にこの一言で人生が変わったんです。最近、ある知人と話したところ、同時期に会社を退職し、ファイナンシャル・プランナーの方に相談したという女性がいました。その人は、ファイナンシャル・プランナーの方に「不動産はどうなんですか」と相談したら「やめたほうがいいですよ」と言われたと言うんです。我々とは状況が違うとはいえ、それで彼女の中には「不動産はやめたほうがいい」がインストールされてしまった。でも私は三浦さんに相談して「すぐにでも一棟マンションを買える」がインストールされたんです。この差は、ものすごく大きな差だと思いました。誰かに言われる一言で、そのあとの人生が大きく変わってくるわけですから。私の場合、あのときに三浦さんがその一言を言ってくださったから、今があるので、本当に三浦さんは恩人なんです。

三浦　そんなに信頼していただいて、うれしいです。ありがたいです。

大竹　その後、わが家は一棟目を買うまでのスピードがすごく早かったけれど、やはり初めてのことだから、内心はすごく不安でした。しかも1億円なんて、びっくりするような金額なのでこわかった。感情が揺れ動くたびに「いや、三浦さんがあのときに、ああ言ってくれたし」と三浦さんの言葉がお守りみたいになっていました。私はずっとそう思っていましたが、つい最近、夫にその話をしたら、夫もそうだったと言っていました。夫も三浦さんなら信頼できると最初からわかって、すんなり受け入れていたんですよね。

三浦　私がお二人に不動産投資をすすめたのは、決算書の数字がよかったのはもちろん、とてもお忙しくされていたので、不動産を持つことで、時間的な余裕ができるだろうなという思いもありました。もう少し余暇を楽しむことができたら、なおさらいいんじゃないかなと思った。不動産を手にしたあとのプラスのイメージを持ったんです。

大竹　でも、そのときの私たち夫婦は「意味がわかんない」という感じでしたね（笑）。不動産が時間の余裕を生み出すとか、そこまで考えが及ばなくて、不動産って何だろうね、って。

三浦　当時、私の師匠がゼロから不動産の山を築き、そのノウハウをセミナーで教えていたので、そこで大竹さんに勉強していただいたら、間違いないだろうなと思い、そちらをご紹介しました。あとはご自身のペースで進めていかれるだろうなと思いました。

大竹　それで、ご紹介いただいたショートセミナーがすごすぎた！

三浦　その後、不動産投資については、ご自身で勉強されて買い進めていかれて、それ以外のファイナンシャルの部分でご相談いただいていましたね。

大竹　夫の代わりに、私が税務や財務というのを相談させていただきました。ビジネスの細かい話というより、「相手にいいものを渡す」など、経営者としての「あり方」のようなものを学ばせていただきました。

三浦　そう受け取っていただいて、本当にうれしいですね。ただ大竹さんの会社は業績がいい分、税金を払い過ぎていたので、私の引き出しの中から、その対策案をお伝えすることもありました。たとえば法人クレジットカードで納税すると、ポイントがたまり、たまったポイントは福利厚生でも使えますよ、といったテクニック的なことです。また個人のクレジットカードでもポイントをためれば、ご家族でオトクに旅行できます。そのあたりのことも伝えました。

大竹　三浦さんにクレジットカードの有効な使い方を教えていただいたおかげで、わが家はポイントで旅行するようになりました。

いくら不動産で成功しても、幸せでなければ意味がない

三浦　実際に不動産をどんどん買い進め、成果を出されているのを見聞きして、さすがだなと思いました。やはりお二人は、どこまでも謙虚でいらっしゃるし、その謙虚さゆえに学んだことを素直に取り入れて実行されるから、このスピード感で成果が出るんだなと、つくづく思いました。

大竹　実は私、最初に「不動産投資」と聞いたときから全く疑いがなかったんです。世の中には、もっとあやしい話がいっぱいあるけれど、不動産投資は建物として目に見えるので、信じやすかったんです。それでセミナーで学んで、この通りにやればいいいんだって思った。無知だったということもありますが、素直とい

えば素直だった。あまり疑っていませんでしたね。

三浦　そこで疑ってしまう人は多いですよ。少子化だし、借金を背負うし、と。でも大竹さんは、そこに疑いがなくて、不動産投資がシンプルに好きだと楽しんでいらっしゃるし、不動産投資の目的を明確にされているのもよかった。

大竹　そうなんです。私にとって不動産投資は、もう本当に楽しいことなんです。何度かやっていると、もうやることがわかるので、イレギュラーなことが起こらない限り、だいたいうまくいきます。再現性の高いところが、すごく気に入っています。

三浦　もう安心して見ていられるという感じです。

大竹　三浦さんは、いつも「ビジネスで成功しても、幸せでなければ意味がない」とおっしゃっていますが、私もいくら不動産で成功しても、幸せでなければ意味がないと思っているんです。先ほど、三浦さんが私たちのことを「不動産投資の目的を明確にしている」と言ってくださいましたが、まさに私たちの不動産投資の目的は、家族が幸せになること。自分にとって何が幸せなのか、まず明確にしないと、どんどん迷子になっちゃいますよね。

三浦　まさにそうですね。同じ不動産投資家でも、幸せな人もいれば、不幸な人もいる。不動産を買うために、すごく倹約してケチって暮らして、家族からすると何のために不動産を買ったのよって。家族が豊かに幸せになるために不動産投資を始めたはずなのに、隣と比べてあっちに負けないように、なんて途中から不動産を増やすことが目的になって、ケチケチして人生が終わる。もっと言うと、幸せが何かもわかっていないことが多いですね。

大竹　そうそう。「幸せって何?」って聞かれたら、答えられることが大事ですよね。

三浦　幸せって一つではないし、それぞれの家族によっても違うので、自分にとっての幸せとは何かを、はっきりさせることが大切ですね。目的があって初めて、幸せを手にできるし、拡大もできる。

大竹　そのときに不動産が必要かどうかですね。

三浦　そもそも幸せの構成要素って「健康」「人間関係」「お金」だと思うんです。反対に、この三つがうまくいかないと、不幸になる。健康を害して、人間関係がもつれて、お金がなくて、といった具合に。不動産投資をすることで、この三つがパワーアップするなら、すごくいい。こういうことを自分なりに明確にしたり、整理したりしないまま、とりあえず「不動産ってもうかりそう」とやってしまうと、幸せがどこかに行ってしまうんです。その点、大竹さんは、すごく明確にされているし、整理もされていると思います。

大竹　私と同じような感覚で女性が不動産を買い進めて、離婚というケースがけっこうあるんです。つまり自分がどんどん不動産を買って、お金を生み出すようになったら、ご主人の稼ぎが小さく見えてしまう。だんだん、夫婦の間に溝ができて結局、離婚になる。それが、私はとても悲しいんです。その人が、そこまで不動産投資で成果を上げられたのも、ご主人のおかげということもあったんじゃないのって。またお子さんが小さいママが、不動産購入に向けて必死になっているケースもあります。そういうママに対して、私が「ちょっと不動産投資はお休みして、お子さんとの時間を大切にされたらどうですか」と言うと、本当にそうでしたって言われます。単に不動産を買うことが目的になると、ついのめりこんで周りが見えなくなるので、やはり目指すのは「幸せな不動産投資」。「幸せな」というのをはずさず、不動産投資によって自分の幸せに向かっていくことは重要だなと思います。個人的には「パートナーシップ」「家族関係」をはずした不動産投資は、全く幸せではないというイメージです。

三浦　本当にそう思います。「幸せな不動産投資」には、家族のコミュニケーションも重要ですよね。誰のために何のために不動産投資をしているのか、それを手にしたあとにどうなりたいのか、ということを家族が話し合うことは大事。そして銀行や不動産会社など対外的な人とのコミュニケーションも大事。結局、全部「人」ですから。不動産投資に限らず、事業でも何でも一人ではできないので、そこに協力してくれる仲間や力を貸してくれるスペシャリストが絶対に必要です。そのためには「好かれる」「信頼される」人になることは、すごく重要な要素だと思っています。

大竹　好かれる、信頼されるといった、能力だけでない、人格的な部分は本当に大事だと私も思います。そういう意味で、私は知識よりも、コミュニケーションだけで勝負しているような人間です。コミュニケーションがうまくいくと、大竹に買ってもらいたいと考える銀行と不動産会社がタッグを組んで、私はただ御輿に乗っているだけという状態になります。そう考えると、コミュニケーション以上に重要なものはないという感じです。

三浦　大竹さんは、本当にコミュニケーションを大切にされているから、これほどの成果を上げられるんですね。一人ではできないと、よくわかっていらっしゃる。

大竹　いろいろな方から応援していただいて、ありがたいですよね。それも私が、やはり「幸せな」ということを出発点にしているからだと思います。単に「もうけたい」だと、周りに「もうけたい」人が集まるけれど、「幸せになりたい」なら「幸せになりたい」人が集まる。だから不動産投資に「幸せな」をつけるだけで、お金だけでない、人間関係の豊かさや家族の幸せなど大きなものが得られるんです。だから私は断然「幸せな不動産投資」をおすすめしたい！

三浦　今は不動産投資については、どちらかというと男性からの発信が多く、女性は少数です。この大竹さんの本をきっかけに、幸せな不動産投資を選択する女性がどんどん増えるといいですね。今度、ぜひ一緒にセミナーをやりましょう。

大竹　いいですね。ぜひ、これからもよろしくお願いします。

第6章

BOOK GUIDE

私の不動産投資や生き方に影響を与えた
9冊を紹介します。

『強運を味方につける49の言葉』

本田健 著
PHP研究所
2015年7月刊

長年にわたり「運」について研究してきた著者が、運のいい人の特徴を49の言葉で解説。運のいい人は、どう感じ、どう考え、どういった行動をしているのか。運のよい人生をおくるための指針となる一冊。

小説やエッセイなどの本が好きで、これまで全く読んだことのなかった私が、一番最初に読んだ自己啓発本です。「『感謝できる人』に、運は集まる。」「『気配り上手』は、どんな世界でも成功できる。」など今、目次を見返すと、すべて当たり前のことのように思えますが、こういった学びを一切したことのなかった私は、すべてが衝撃でした。もう全部が全部、できていない。これを一つ一つやっていけば、運のいい人になれるのかなと感じました。

本の中に「サプライズが好きな人には、とびっきりの笑顔と運が集まる。」という項目がありますが、この本を手にとるまで、私はサプライズなんて考えたことがなかった。でも今は、すごくサプライズ好き。先日、仲間からサプライズされたときは、全く気づかず「さんざんサプライズを仕掛けてきた智子さんが気づかないなんて」と言われたときは、いつの間にかそういう人になれていたのかな、とちょっとうれしくなりました。

「神さまとのおしゃべり
～あなたの常識は、誰かの非常識」

さとうみつろう 著
ワニブックス
2014年10月刊

ダメダメサラリーマンのみつろうが、ある日突然おしゃべりな神様と出会い、人間関係やお金、仕事など人生の価値観がガラリと変わった！　幸せとは？　幸せになるにはどうすればいい？　その答えがこの一冊に。

次に読んだ自己啓発本がこちら。一番衝撃を受けた本です。今でもいろいろな人たちにオススメしています。今、起こっていることは、全て「自分が望んだ結果」ということが、とてもわかりやすく書かれている、大オススメ本です。これまでの私は、何か起こると周りや環境のせいにするような思考でしたが、今ある自分は誰かのせいではなく、自分が選んだこと、そう痛切に感じさせられました。

幸せや引き寄せについて学ぶときに「量子力学」という学問は外せません。いわゆる「スピリチュアル系」で片づけられていたことを学問として確立されたのが「量子力学」ですが、この本は、まさに量子力学の原理をわかりやすく物語として伝えているので、そのあとに量子力学を学んだときも、すんなり理解できました。

全ては自分が源であり、自分が引き起こしていることであり、自分が変われば見え方も変わり、相手も変わるし、起きていることも変わる。

この考えは、不動産投資にもビジネスにも大いに役立っています。

『立ち読みしなさい!
～美しいほどシンプルな成功術』

苫米地英人 著
ありがとう出版
2013年10月刊

認知科学者として長年研究活動してきた著者が「夢を叶える方法」を伝授。マンガ仕立てなので「コンフォートゾーン」「ホメオスタシス」「ストコーマ」「RAS」といった、専門用語もすんなり理解できる。

量子力学を学び始めたときに出合いました。とかく難しくなりがちな脳科学からの人間行動学を、マンガを交えて解説されているので、非常に読みやすく、量子力学の理解が進みました。

たとえば「コンフォートゾーンを抜ける」とはどういうことか、理論的にわかったのも、この本のおかげです。自分が快適と思うところに居続けることは、成長を妨げるという考え方を学べました。その後の自分の人生を振り返ると、まさに「成長」にフォーカスして「コンフォートゾーンから抜ける」ことを繰り返していたことがよくわかります。

また「30階の景色が見たい」という願望は自分の中にあったけれど、それをどう「ゴール設定」すればいいかわからなかった。この本を読んで初めて、そちらに意識を向けることで、だんだんゴールに近づくことができるとわかりました。

この本は、まさに夢を実現するためのバイブル的存在です。

「DIE WITH ZERO ～人生が豊かになりすぎる究極のルール」

ビル・パーキンス 著
ダイヤモンド社
2020年9月刊

お金を貯蓄するばかりでなく、お金を使うことの重要性について、9つのルールに体系立てて解説している。「一刻も早く経験に金を使う」「人生最後の日を意識する」など、人生観を変える言葉がずらり。

ゼロで死ね。お金は棺桶に入れて持って行けないんだから、生きているうちに、大切な人との思い出にお金を使い切って死にましょう、という内容。**「富の最大化ではなく、人生の喜びを最大化させる」**ことが、「最も大切な人を大切にする生き方につながる」と教えてくれた本でした。

本の中で強調されているのは、そのときにしかできない経験や体験に、お金を使うことが大切、人生は「思い出づくり」とあります。私がずっとモヤモヤしているのは、まさに思い出づくりに後悔があるから。独身時代はともかく、結婚して子どもが生まれてから、時間とお金をもっと思い出づくりに使えばよかった。子どもが巣立って、その思いは強まるばかりです。最近、ようやく豊かな人生のために、時間とお金を使ってもいいのではないかと思えるようになってきました。

これからは**「人生の喜びを最大化させる」ことに、フォーカスして生きていきたい**と思わせる本でした。

「改訂版
金持ち父さん 貧乏父さん
～アメリカの金持ちが教えてくれるお金の哲学」

ロバート・キヨサキ 著
筑摩書房
2013年11月刊

1997年にアメリカで発売された、厳しい時代を生き抜くためのお金の入門書。日本には2000年に初上陸。『金持ち父さんのキャッシュフロー・クワドラント』『金持ち父さんの投資ガイド』など実践編も評判。

本のタイトルと概要だけは知っていましたが、不動産セミナーで課題図書としてすすめられて、初めてきちんと読みました。収入の得方と教育が、これほど人生を変えることになるのかと衝撃を受けました。

貧乏父さんと言っても、本当に貧乏なわけではなく、我々の常識の範囲内の貧乏父さんですが、金持ち父さんと対峙して書かれているので、なぜ貧乏父さんが貧乏で、金持ち父さんが金持ちなのか、金持ち父さんの世界はどういう世界かということが、ストレートに伝わってきます。

続編の『金持ち父さんのキャッシュフロー・クワドラント』には、E（従業員）、S（自営業者）、B（ビジネスオーナー）、I（投資家）といった4領域の話が出ています。今思うと、この本こそ、ESからBIに行く扉であり、不動産投資をすることが、30階の景色を見に行くことだったとわかります。ロバート・キヨサキ氏の本は、不動産投資を志す人は、必ず一度は手に取ることになると思います。

「完訳
7つの習慣
～人格主義の回復」

スティーブン・R・コヴィー 著
キングベアー出版
2013年8月刊

すぐれた人格形成をベースに、成功への法則を7つの習慣としてまとめている。原書の初版は1989年、日本では1996年に出版。
全世界3000万部、国内220万部超の売り上げを誇る、ビジネスパーソンのバイブル。

これまでいろいろなことを学びましたが、物事の原理原則をたどると、すべてこの「７つの習慣」に行きつくととらえています。

ある自己啓発セミナーで初めて読んだときは、正直よくわかりませんでした。特に第７の習慣「刃を研ぐ」は、チンプンカンプンでしたが、経験を重ねるうちに、少しずつ理解できるようになってきた気がしますが、これからも死ぬまでずっと気づきがあるだろうなと思います。

今、私の事業の一つであるＡｌｌ Ｓｍｉｌｅでも、「７つの習慣ワーク」といった形で、この本を活用しています。第１〜３の私的習慣から第４〜６の公的習慣に皆の意識が向かえるような仕組みを作っています。「理解してから理解される」では、お客様を理解することの大事さを、「Ｗｉｎ－Ｗｉｎを考える」では、仕事をもらうのではなくとっていくために必要な考え方を、「シナジーを作りだす」では、Ａｌｌ Ｓｍｉｌｅのコミュニティから生み出されるＷｉｎ―Ｗｉｎのその先の考え方を伝えています。７つの習慣は、自分が成長したときに必ず気づく教え。これからも何度も読み返して自分を成長させていきたいですね。

「今日、誰のために生きる？
～アフリカの小さな村が教えてくれた幸せがずっと続く30の物語」

ひすい こたろう×SHOGEN 著
廣済堂出版
2023年10月刊

アフリカの小さな村、ブンジュ村にペンキアートを学びに行ったSHOGENが村人と生活を共にしながら、生きる喜びや日本人としての誇りを得ていく。その物語をベストセラー作家のひすい こたろうが解説。

2023年の年末に、泣きながら一気に読んだ本。特に心に響いたのは「効率よく生きたいなら、生まれてすぐ死ねばいい」という言葉。「何かに追われている」「余裕がない」、現代の日本人。効率を求めるあまり、むだを省くけれど、本来の豊かさや幸せは、そのむだの中にあると記されています。私もまさにそう。常に緊張状態で、リラックスが苦手。どうしても頑張るほうにいきがちです。でも昔の日本人は、そうではなかった。今の私たちが忘れてしまっていること、おざなりにしてしまっていることを思い出させてくれました。

せっかく不動産投資をしているのに、そんなにせかせかしたら意味がない。余裕を持ちたいし、余裕があれば、感謝を伝えられる、気配り上手になれる。まさに冒頭の本田健さんの本のように「運のいい人」になれる。

これからは、もう少しペースを緩めて、リラックスして生きていこう、この本を読み終えてそう決意しました。

『きみのお金は誰のため ～ボスが教えてくれた「お金の謎」と「社会のしくみ」』

田内学 著
東洋経済新報社
2023年10月刊

主人公の中学生男子が、投資銀行で働くビジネスウーマンとともに、莫大な富を築いたボスから、お金の真実について学ぶ。物語仕立てなので楽しく読みながら、金融リテラシーを身に着けることができる。

書店をブラブラしていたときに、何気なく手にしました。最初のページをめくったときに、「お金持ちはずるい。だからこそ、自分もお金をもうけたい」「お金のもうけ方を教えてもらえると思っていた。ところが、彼が語り始めたのはお金の正体というわけのわからない話」という文言が飛び込んできました。小説風で「これは面白い」と思ったのと、サブタイトルの「社会のしくみ」という言葉にもひかれました。

読み終わって感じたのは「お金の本質が詰まっている」ということ。お金は回るもの、経済は回さないといけないということは、知識としては入っていても、実際はよくわかりません。しかし、この本では、そこが非常にわかりやすく書かれています。さらに税金に関しては、タブー視されてきたところまで踏み込んで書かれているので、知識のある人が読むと、さらに面白く、知識のない人が読むと初めて知ることが、たくさんあるだろうと思いました。

「ONE PIECE（ワンピース）全108巻～」

尾田栄一郎 著
集英社
（1巻）1997年12月刊

海賊たちが戦う大航海時代。伝説の海賊王、ゴールド・ロジャーの遺した「ひとつなぎの大秘宝（ワンピース）」を巡り、海賊王に憧れる少年ルフィとその仲間たちが繰り広げる冒険ファンタジー。

子どもたちと一緒に見始めたマンガ＆アニメ。家事をしながら、ちょこちょこ見ているくらいでしたが、あるとき雷が落ちたような衝撃を受けた回がありました。主人公のルフィが瀕死の状態になり、そのルフィを助けるために友人のボンちゃんが、奇跡を起こせる人イワンコフに「奇跡を起こしてください」と頼みにいったときのシーンです。「奇跡っていうのは、本当に心から望んでいる者の上におりてくるもの。**奇跡なめんじゃないわよ！**」という終わり方でした。

つい軽々しく「奇跡起こらないかなあ」と言ってしまいますが、奇跡を起こすのは、自分の力であることを教えてくれた台詞でした。マンガやアニメというのは、たくさんの教訓を与えてくれるものですが、ワンピースは珠玉の名言が多く、ここから大好きな作品になりました。他にも子どもの頃は『エースをねらえ』『ガラスの仮面』『ベルサイユのバラ』など、上流階級の人たちが出てくる少女漫画に夢中になりました。

おわりに

数字、苦手。

お金のこと、考えたくない。

大切で、重要なことだけど、逃げていました。

全ては2018年5月に受けた『資産形成への道』というショートセミナーからスタートしました（79ページ）。

自分が思い描いていた世界へ行ける扉が開いた瞬間。

資産なんてゼロ（というか、資産が何を指すのかさえ知らなかったレベル）から、さまざまな学びを経て、驚くほど違う世界に到達した実感がある今、「不動産投資」ではなく**「幸せな不動産投資」**の本を書くことは、私に学びを与えてくださった方々への恩返しと考えています。ここに、感謝をお伝えします。

株式会社ＶａｌｕａｂｌｅＳｔｙｌｅ、株式会社Ａｗａｒｅｎｅｓｓ
代表取締役社長　髙橋敏浩様

わが家の不動産投資は『資産形成への道』というセミナーから始まりました。不動産投資の方法だけでなく、幸せの考え方も学ばせていただけたことは大変意義あるものでした。
もともと家族関係が良好だったわが家に、さらに「不動産（有形資産）」と「無形資産」の学びが入ったことで、あり得ないところに到達しました。

株式会社グランディール
代表取締役社長　三浦亘様

77ページで「大竹さんは、すぐにでも一棟マンションを買えますよ」と言ってくださいました。言葉の力というのは絶大で、私たち夫婦は、この言葉にとても背中を押していただき、根拠のない自信を持って不動産購入に邁進できました。
そして「あなたならできる」という言葉を人にかけてあげることの大切さを知り、私自身、その立場になっていけたように思います。

冒険団団長　小椋翔様

大阪にさえ行くことのできなかった私が、北海道から沖縄まで全国飛び回る人になれたのは、たくさんのチャレンジをさせてもらえる環境＝冒険団に身を置くことができたおかげです。
また、着付け師育成講座を世の中に生み出せたのは、小椋さんのおかげです。

起業コーチ　大東めぐみ様

大東めぐみさん主宰のプロジェクトFに入れていただいたことは、私の仕事人生にとって本当に大きいことでした。生み出したビジネスを軌道に乗せることができたのは、めぐみさんとプロFのおかげです。たくさんの素晴らしい考え方とあり方を教えていただき、本当に感謝しています。

ビジネススクール「北原の精神と時の部屋」代表　北原孝彦様

私のビジネスの師匠といえる方は、北原孝彦さんです。私が傷ついてボロボロになっているときに救ってくださった大恩人です。北原さんのそばにいたときに一気にビジネスを加速させることができ、「覚悟」と「あり方」について、とことん考え、学ばせていただきました。

日本ママ起業家大学学長　近藤洋子様

洋子さんのおかげで繋がった人は、皆素敵な方ばかりで、人脈こそが宝ということを一番教えていただいた方です。

皆さま、本当にありがとうございました。心より感謝申し上げます。

私にとって「不動産」と「ビジネス」は、両輪で動いています。両方を学ぶことによる相乗効果は、はかり知れず、どちらかだけだったら、今のような結果は得られなかったと思います。

不動産には不動産の面白さ、ビジネスにはビジネスの面白さがありますが、どちらも「再現性」がキーワードです。

再現性のあるビジネスモデルをとらえ、最適解を見つける能力に長けている方は、ビジネス向きですが、その能力は誰にでもあるとは限りません。しかし、その能力がなくてもできるのが不動産ではないかと感じています。

ビジネスに比べると、不動産はやることが地味ですが、コツコツ取り組めば、誰でも結果を得ることができます。不動産ほど再現性の高いものはないのではないか、どちらも取り組んだ私には、そう思えてなりません。

不動産投資は「一攫千金」を夢見る人には向いていません。「長期的」に考えられる人、コツコツ取り組める人の方が向いていると実感しています。

子育て大好きの専業主婦から、習い事として着付けを習い、そこから着付けの先生になり、フリーになり、起業しました。

私が起業をしたのは、45歳のときです。

不動産に出合ったのが47歳。この年齢、「遅い」と思いますか？

確かに遅いのかもしれません。

「あと10年若かったら……」

こう言われる方もとても多いですが、私はそう思ったことがありません。全ては「自分」が選んでいるので、45歳で起業したのも、47歳で不動産に出合ったのも、私にとって「ベストタイミング」だったと心から思っています。

もっと早くに出合っていたとしても、受け取れる自分になっていなかったことでしょう。

今、この本を読んで、起業や不動産投資をしてみたいと思った方。すぐに行動に移せなかったとしても、いずれあなたのタイミングで行動するときがくると思います。この本を、ぜひその布石としてください。

私自身、子育て中は子ども中心、家族優先の時間の使い方が、ベストだったと今も思っています。そして、子どもが20歳を過ぎた今、周りが驚くほど飛び回って生き生きとしています。そんな私を家族は「引く」のではなく、すごく「**応援**」してくれています。

私に自由に飛び立てる羽をつけてくれて、ニコニコしている夫には大感謝ですし、私をサポートしてくれる子どもたちにも本当に感謝です。

そんな幸せな日々を迎えられているのは、これまで私が家族に応援してもらえるだけのことをしてきたから……？　自分で自分をそう「**承認**」するのは、なかなかできませんでしたが、それも「学び」のおかげで、少しずつできるようになってきました。そう、私は家族に応援されるだけのことをしてきたんだと。

私のような主婦の人たち、多くないですか？

子どもが成人してからでも、こんな幸せを得ることって「可能」なんです。

２０２２年、私の中で「目指すところ」が具体的になった瞬間がありました。

知人の豪邸に、お邪魔したときのことです。

その家には彼らを慕う人たちが集まり、その空間を分かち合うことを心から楽しんでいました。

彼らは最高の空間を独り占めするわけでもなく、自慢げにするわけでもなく、みんなが喜んでくれていることを楽しんでいる。その場にいる人たちは、みんな**笑顔で、幸福感にあふれて**いました。

私はまさに、これこそが**「豊かさ」**であり、私が目指すところはこれだ！　と思いました。

まだ道半ばではありますが、目標が定まったので、あとは向かうだけです。そんな思いに共感してくれる人たちと、より幸せで豊かな人生を送る人を増やすべく、これからも積極的に活動していきます。

最後に改めて言わせてください。

「不動産は手段の一つ。だけど**最強の手段**になり得る！」

私自身、不動産投資によって大きく人生が変わりました。

不動産によってもたらされた幸せは、はかりしれません。

一人でも多くの方にこの本を手に取っていただき、「幸せな不動産投資」を通して自分の人生をより豊かなものにし、理想の未来を実現していただければ、これほどうれしいことはありません。

2024年5月　大竹智子

大竹智子

1971年生まれ。不動産投資家、起業家。

28歳で結婚し、年子を育てながら専業主婦として過ごす。ワンオペ育児の中、子どもが幼稚園のときに着付け教室に通う。下の子が小学1年生のときに、習っていた着付け教室の専任講師になり、約7年間勤務。人気講師となる。

2016年にフリーになり、自宅で着付け教室兼着付け師として起業するが、個人で仕事をすることの知識と経験不足により稼ぐことがままならなかった。2017年からビジネスを学びはじめ、2018年「着物セラピー®」を発表。何らかの障がいがあり、特に成人式の振袖を諦めている人に向けた「出張お支度撮影事業」は、身体障がい、知的障がい、精神障がい、発達障がいを持つご家庭に大変喜ばれている。

2018年、「着物セラピー®」を広めるべく参加していたビジネス交流会にて知り合った方からの繋がりで、「不動産オーナー育成セミナー」に参加し、知識ゼロの状態から1棟収益不動産オーナーへ。2年で4棟保有する。

2020年、自身の会社、Smile for all合同会社設立。2021年「All Smile出張着付け講座」開講。2024年2月までに延べ120名ほどの出張着付け師を輩出。

「働き方を変えれば人生が変わる」ことを伝えている講座で、「人生が変わった」という受講生続出。着付け事業の他にも複数の事業を展開。企業向けの不動産コーディネーターとしての活動もしている。

趣味は夫と一緒にコンサートに行くこと。現在、声楽をオペラ歌手翠千賀さんに師事。幸せな人生に向かうための不動産投資を今後も伝えていく。

『幸せな不動産投資』
購入者プレゼント！

「幸せな不動産投資」を
ご購入いただきましてありがとうございます。
読者の皆様に、スペシャル動画をプレゼント！！！

以下の公式 LINE では、普通の主婦だった私が、
ビジネスや不動産事業を始めて、
今や 10 億円の不動産資産を持つ
事業家、経営者へと変貌を遂げた思考法を紹介します。

皆さんとリアルで会える機会も作っていきますので、お楽しみに！

QRコードから、
公式 LINE に
登録して、
動画を受け取って
くださいね。

https://lin.ee/9Y84mue

幸せな不動産投資
普通の主婦が不動産資産10億円を築けた理由

2024年5月24日　初版第1刷発行

著　者　大竹智子
発行者　高野陽一
発　行　サンライズパブリッシング株式会社
〒150-0043
東京都渋谷区道玄坂1-12-1
渋谷マークシティW22

発売元　株式会社飯塚書店
〒112-0002
東京都文京区小石川5丁目16-4

印刷・製本　中央精版印刷株式会社

ISBN978-4-7522-9033-9　C0036

プロデュース　水野俊哉
装丁・DTP　本橋雅文
（orangebird）
帯写真　今井しのぶ
ヘアメイク　成田英蘭